BIEN VIVRE
LE
STRESS

Service d'orientation et de
consultation psychologique
de l'université de Montréal

BIEN VIVRE
LE
STRESS

guide d'autogestion

francine boucher
andré binette

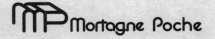

Édition
Mortagne Poche
250, boul. Industriel, bureau 100
Boucherville (Québec)
J4B 2X4

Diffusion
Tél.: (514) 641-2387
Téléc.: (514) 655-6092

Dépôt légal
Bibliothèque nationale du Canada
Bibliothèque nationale du Québec
1er trimestre 1992

ISBN: 2-89074-519-8

1 2 3 4 5 - 92 - 96 95 94 93 92

Imprimé au Canada

Ce programme a été réalisé par le Service d'orientation et de consultation psychologique de l'Université de Montréal.

Le Service d'orientation et de consultation psychologique de l'Université de Montréal (S.O.C.P.), est un organisme qui offre aux étudiants et au personnel de l'Université — tout en étant ouvert au grand public — grâce à onze psychologues, membres par ailleurs de chambres professionnelles reconnues, la gamme complète des services psychologiques habituels.

S.O.C.P.
2101, Boulevard Édouard-Montpetit
Montréal H3C 3S7
Tél.: 343-6853

TABLE

INTRODUCTION

Le terme «stress» est fréquemment utilisé aujourd'hui. On parle de stress comme facteur explicatif de nombreux problèmes personnels ou sociaux. Chaque jour, de nouvelles solutions sont proposées pour exorciser ce démon de la vie moderne. En cette époque technologique, on vend même sur le marché un appareil de poche, le GSR-2, qui permet d'écouter sa propre tension et de prendre les mesures nécessaires lorsque le message émis révèle un état critique. Est-il nécessaire d'augmenter le chiffre de vente de la société fabriquant le GSR-2 ou peut-on se fier à ses propres ressources pour faire face au problème ?

Qu'est-ce que le stress finalement ? Une réponse innée de l'organisme, un mécanisme d'adaptation et de survie. En tant que telle, la réponse de stress est nécessaire et inévitable. Cependant, si cette réponse est constamment déclenchée et si elle dépasse les limites adaptatives du corps humain, la maladie et même la mort peuvent survenir.

Si nous ne pouvons éviter le stress, nous pouvons, par contre, apprendre à l'utiliser à notre avantage plutôt qu'à notre détriment. L'objectif de ce guide est de suggérer les méthodes les plus appropriées dans ce sens.

Au nombre de ces stratégies, nous distinguons ce qu'on pourrait appeler une métastratégie : l'habileté à résoudre un problème. En effet, autogérer le stress suppose une démarche de solution de problème, soit définir concrètement le problème, inventorier et choisir des stratégies pour le résoudre, appliquer ces stratégies efficacement et, finalement, en vérifier à l'usage la pertinence et l'utilité.

Pour vous aider à définir le problème, la première partie du guide portera sur la nature du stress, les types d'agents stressants et les principaux symptômes de détresse. La deuxième partie du guide abordera la gestion du stress. D'abord des exercices seront suggérés pour identifier les problèmes de stress dans votre vie. Ensuite, nous présenterons les stratégies les plus appropriées pour résoudre les problèmes de stress, soit la gestion des stresseurs externes ou la gestion des facteurs internes de résistance au stress. Vous serez alors appelé à choisir une solution et à procéder à l'application de votre décision.

La troisième partie du guide présente cinq stratégies importantes de la gestion du stress. Les lecteurs intéressés y trouveront des renseignements utiles sur la gestion du temps, l'exercice physique, l'alimentation, les méthodes de détente et le contrôle des émotions.

Vous pouvez lire ce guide d'un seul trait mais, selon toute probabilité, vous n'en profiteriez guère. Pour autogérer le stress, il faut non seulement connaître le sujet, mais aussi mettre en place « la » ou « les » stratégies de changement appropriées. Est-il nécessaire d'insister sur la pratique des exercices ? À vous d'en décider !

I

CONNAÎTRE
LE STRESS

1. Un bref historique

Bien qu'on parle beaucoup de stress aujourd'hui, les recherches dans le domaine sont récentes.

Bien sûr, durant la seconde moitié du 19e siècle, Claude Bernard avait déjà indiqué que la fixité du milieu intérieur était la condition d'une vie libre et indépendante, c'est-à-dire que tout animal vivant tendait à maintenir un état de stabilité interne, et ce, en dépit des changements dans son environnement extérieur. Vers les années 1920, Walter Cannon donnait le nom d'homéostasie à ce principe physiologique. Il concluait de ses travaux que l'animal ou l'homme primitif, en présence d'un danger pour son équilibre interne, ou bien se disposera à combattre, ou bien prendra la fuite. Dans une étude maintenant classique, il attribuait la mort de personnes victimes du vaudou à leurs difficultés de recourir à ces mécanismes de lutte ou de fuite pour rétablir leur homéostasie. Selon lui, la croyance de ces personnes en la fatalité du sort, croyance d'ailleurs renforcée par le groupe social, provoque un état de terreur tel que les médullo-surrénales sont surexcitées, ce qui a pour effet d'entraîner la mort par un processus physiologique entièrement naturel.

Mais il fallut les travaux de Selye pour mieux comprendre le phénomène du stress. En 1936, Selye remarque que des préparations glandulaires toxiques injectées à des animaux produisent un syndrome stéréotypé caractérisé par l'hypertrophie et l'hyperactivité de la substance corticale des surrénales, l'atrophie du thymus et des ganglions lymphatiques et l'apparition d'ulcères gastro-intestinaux. Il note aussi que des facteurs divers (chaud-froid, traumatismes, infections) causent les mêmes symptômes. Il donne d'abord au phénomène le nom de «*syndrome produit par divers agents nocifs*». Il le décrit ensuite sous le terme de syndrome général d'adaptation ou syndrome de détresse biologique et, en 1950, il introduit le terme anglais «*stress*» dans la littérature française scientifique.

2. Les multiples définitions du stress

Nous sommes loin aujourd'hui d'une définition uni-voque du terme « *stress* ». En examinant les multiples définitions qu'en donnent les chercheurs, on peut dis-tinguer trois perspectives différentes. Certains auteurs abordent le stress sous l'angle des **réponses physio-logiques**, c'est-à-dire de l'ensemble des changements biochimiques qui se produisent de façon stéréotypée dans l'organisme lorsque l'équilibre interne est menacé. D'autres auteurs utilisent le terme de stress pour décrire les **réponses émotives ou comportementales** face à un agent stressant. Ils décrivent les émotions suscitées au moment d'un stress de même que les changements dans le comportement observé. D'autres auteurs, enfin, utilisent le terme de stress pour parler du **stimulus**. Ils rapportent les événements, les situations ou les sources de stress pour l'être humain.

LES RÉACTIONS PHYSIOLOGIQUES

Le stress se caractérise par un ensemble de réactions physiologiques stéréotypées qu'on peut observer et mesurer en laboratoire. Ces changements biochimiques peuvent être bénins, mais dans certains cas ils modifient le fonctionnement de l'organisme au point de provoquer la maladie et la mort.

Certaines réactions physiologiques de stress sont bien connues : le cœur bat à un rythme accéléré, les muscles sont tendus, la respiration devient plus rapide. Mais ces réactions ne sont qu'une infime partie de tous les changements biochimiques déclenchés par un agent stressant. La réaction du stress est fort complexe. Pour l'expliquer davantage, il faut faire appel à un certain nombre d'informations techniques, difficiles peut-être à assimiler mais nécessaires à la compréhension du phénomène.

Selye définit le stress comme « *la réponse non spécifique que donne le corps à toute demande qui lui est faite* ». Les divers stimuli de l'environnement, le froid, la chaleur ou le bruit, produisent des effets spécifiques dans l'organisme. Le froid nous fait frissonner, la chaleur nous fait transpirer et le bruit produit des sensations auditives. Ce que Selye a montré, c'est que, outre leur réaction spécifique, les stresseurs produisent tous une réponse biologique non spécifique identique qu'il nomme **stress**. Cette réponse biologique est une « *accentuation non spécifique dans le besoin d'accomplir des fonctions d'adaptation et par là, de rétablir la normalité* ».

Les trois phases du syndrome général d'adaptation décrivent la réaction non spécifique de stress (Voir schéma 1). Au moment de la première exposition à l'agent stressant, l'organisme est immédiatement mis en état d'alerte par un ensemble de changements bio-chimiques dont le but est de permettre la fuite ou la lutte et, ultimement, de rétablir l'équilibre interne. Simultanément, la résistance du corps diminue et si l'agent stressant est trop intense, la mort peut se produire. La réaction d'alarme se poursuit par la phase de résistance si l'exposition au stresseur est compatible avec l'adaptation. Les réactions caractéristiques de la première phase continuent, mais de façon plus adaptée aux nécessités de défense. La résistance de l'organisme s'élève au-dessus de la normale. Cette deuxième phase se prolonge jusqu'à la guérison ou, si l'organisme n'est plus capable de maintenir son état d'adaptation, la phase d'épuisement termine le processus. Les signes de la réaction d'alarme réapparaissent et les lésions organiques ou la mort se produisent éventuellement. Lorsqu'on dissèque le cadavre d'un animal mort de stress, on trouve invariablement des glandes surrénales, des ganglions lymphatiques et un thymus atrophiés et des ulcères gastro-intestinaux.

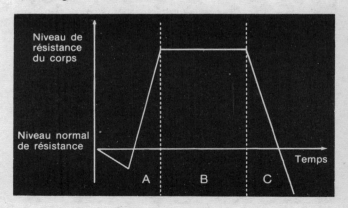

Schéma 1: Les trois phases du syndrome général d'adaptation selon Selye. (1974)

La séquence des trois phases du syndrome général d'adaptation est invariable mais le processus peut ne pas être complété si l'action du stresseur cesse. La durée de ces trois phases est fonction de la capacité d'adaptation du corps et de l'intensité du stresseur.

Que l'agent stressant soit d'ordre physique, physiologique ou émotif, les principaux chemins de réponse aux stresseurs sont les mêmes. (Voir schéma 2). Le message de danger est transmis d'abord à l'hypothalamus, une région du cerveau à la base du crâne. L'hypothalamus active, d'une part, le système nerveux autonome et, d'autre part, l'hypophyse, une glande également située dans le crâne. Sous cette influence, l'hypophyse secrète des hormones, principalement l'ACTH (l'hormone adréno-corticotropine-hypophysaire). Cette hormone est destinée à agir sur l'enveloppe extérieure des glandes surrénales situées au-dessus des reins. À leur tour, les cortico-surrénales secrètent les corticoïdes impliqués dans les processus pro-inflammatoires et anti-inflammatoires. La surproduction d'ACTH et l'hyperactivité de la substance corticale des surrénales sont

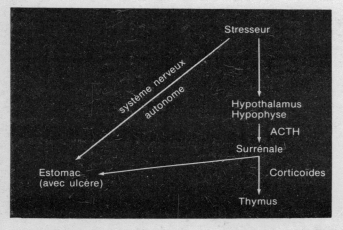

Schéma 2: Principaux chemins de réponse aux stresseurs, selon Selye. (1974).

parmi les principales caractéristiques du syndrome stéréotypé d'adaptation. En laboratoire, d'ailleurs, on peut
mesurer l'intensité du stress au taux de corticoïdes qui
se trouve dans le sang.

Les modifications du système nerveux autonome sont
sont multiples. Plusieurs muscles se tendent et augmentent le calibre des vaisseaux sanguins pour faciliter
la circulation. Le rythme cardiaque s'accélère. La respiration devient plus rapide et la tension artérielle s'élève.
Les vaisseaux cutanés réduisent de volume au point
d'entraîner quelquefois une pâleur presque soudaine.
Les activités digestives sont inhibées alors que la perception est aiguisée pour mieux identifier le danger. Les
modifications sont telles qu'elles peuvent provoquer la
production d'ulcères de l'estomac et de l'intestin.

L'hypophyse active également les médullo-surrénales
(la partie interne des surrénales) qui secrètent alors les
cathécolamines, autres hormones caractéristiques du
stress, soient l'adrénaline et la noradrénaline. C'est à ce
déclenchement hormonal qu'on associe la sensation de
fébrilité et d'exubérance mêlée d'angoisse si souvent
présente dans les réactions émotives de stress. L'effet
des cathécolamines est multiple : elles stimulent la
consommation d'oxygène et le métabolisme de base.
Elles déclenchent la production d'un plus grand nombre
de globules rouges et blancs et elles facilitent la coagu-
lation sanguine. Pour augmenter l'énergie disponible,
elles activent également la libération d'acides gras par
le tissu adipeux et poussent le foie à produire plus de
sucre.

Tous les changements apportés par l'action du système nerveux autonome et de l'hypophyse visent une
mobilisation immédiate des ressources de l'organisme
et une meilleure adaptation. Les sens sont aiguisés pour
percevoir le danger. Le fonctionnement des poumons et
du cœur est optimisé. Le système d'immunisation aux
blessures et aux infections est renforcé. Le corps est
prêt à utiliser l'énergie disponible pour les tâches de
première importance.

Le stress, c'est donc un ensemble de réponses
physiologiques bien déterminées pour permettre la fuite
ou la lutte face au danger.

LES RÉACTIONS ÉMOTIVES ET COMPORTEMENTALES

Une deuxième façon de décrire le stress, c'est d'expliquer les multiples réactions émotives et comportementales qu'il déclenche. Les réactions émotives et comportementales de stress sont souvent plus évidentes que les réactions physiologiques puisqu'elles sont visibles à tous. En réaction à un stimulus interne ou externe qui trouble son équilibre, l'être humain rit, pleure, se met en colère ou tremble de peur. Sous stress intense, les comportements deviennent plus erratiques ou plus énergiques. Si le stress est négatif, les changements comportementaux se traduisent par l'augmentation du nombre d'erreurs dans l'exécution d'une tâche, à une baisse de rendement dans le travail ou à une détérioration des relations interpersonnelles. L'étudiant qui a un trou de mémoire devant sa feuille d'examen ou l'administrateur qui, coup sur coup, prend de mauvaises décisions connaissent tous deux l'effet nocif du stress. Si le stress est positif, par contre, on note une amélioration de la performance ou une plus grande endurance à la tâche. Bon nombre d'étudiants donnent un rendement fort satisfaisant lorsque les échéances les acculent au pied du mur.

Bien qu'elles soient évidentes, les réactions émotives et comportementales prêtent cependant mal à l'étude et à la mesure du stress. En effet, les émotions et les comportements varient selon la culture, l'époque, le contexte et la personnalité de chacun. Selon les situations, ces apprentissages se nuancent et se diversifient. Ainsi, dans des situations sociales, il y a inhibition de certaines émotions : malgré un stress intense, on se retient de pleurer ou de trembler en public parce que ces émotions attirent trop l'attention d'autrui. À cause des difficultés de mesure et bien que les réactions émotives et comportementales demeurent des indices subjectifs fiables de stress, les chercheurs préfèrent donc décrire le stress sous l'angle des réponses physiologiques.

LE STIMULUS

Un troisième critère de définition du stress consiste à examiner les stimuli ou les agents qui produisent une réaction de stress chez l'être humain, mais sous cet angle, la réaction de stress est difficile à prévoir ou à définir. En effet, des stimuli qui déclenchent la réaction de stress chez certains individus ne provoquent pas de stress chez d'autres. Les réactions suscitées, autant physiques, qu'émotives ou comportementales, varient selon le cas. Il semble bien qu'à l'exception de situations extrêmes et soudaines de menace à la vie, aucun stimulus ne peut être un agent stressant pour tout le monde.

En laboratoire, on a soumis des sujets à des stimuli habituellement considérés comme des stresseurs et en minimisant les facteurs émotifs en jeu, on a démontré que la réaction de stress ne se produit pas ou encore, est grandement atténuée. Ainsi, des chercheurs exposent des sujets à un bruit intense en les prévenant du moment où le bruit se fera entendre ou en leur donnant la possibilité de contrôler la fin du bruit. Ils constatent alors que les sujets réagissent au bruit, mais que la réaction non spécifique de stress n'apparaît pas ou peu.

C'est pourquoi plusieurs chercheurs remettent en question la thèse de Selye, à savoir le caractère non spécifique de la réaction de stress. En d'autres termes, le stress serait déclenché non pas par tous les stimuli auxquels nous sommes exposés mais par l'action de facteurs psychologiques qui feraient percevoir certains stimuli comme une source de danger pour l'organisme. On propose donc aujourd'hui de décrire le stress comme un état de l'organisme quand **il perçoit** que son bien-être est menacé et qu'il doit utiliser toutes ses énergies à se protéger.

Cette nouvelle définition du stress suppose une interaction complexe entre les stresseurs et la réponse de l'organisme. Pour qu'un stimulus déclenche la réaction de stress, l'organisme doit le percevoir comme une menace ou une source de danger. Or la perception du danger dépend de nombreuses variables. Mentionnons, entre autres, la nature et l'intensité du stimulus, les attentes et les évaluations cognitives, l'apprentissage passé, les valeurs, la personnalité, les facteurs émotifs, les objectifs ou les besoins de chacun. Ainsi, un examen peut être un stress pour un étudiant et ne pas l'être pour un autre, selon leur connaissance du sujet, leurs réussites ou leurs échecs antérieurs, leur motivation, leur personnalité, etc. Définir le stress sous l'angle du stresseur devient ainsi fort difficile!

Malgré l'envergure de la tâche, les chercheurs ont toutefois trouvé quelques règles générales. D'abord, l'expérience antérieure de l'agent stressant (exposition répétée, entraînement, information préliminaire) diminue le stress ressenti. Cependant, un échec (perçu comme tel) dans une tâche est une expérience stressante en soi, dont les effets se manifestent par une diminution de l'efficacité de la performance subséquente. La règle se vérifie pour les tâches psycho-motrices ou les tâches de solution de problèmes, de raisonnement et d'apprentissage.

On a montré également que plus la stimulation (au sens large) est intense, plus le stress ressenti est grand. Ainsi, le schéma 3, tiré de **Stress sans détresse**, illustre que le stress augmente selon l'intensité émotive de l'expérience vécue, peu en importe le caractère plaisant ou désagréable. Le stress ressenti dépend uniquement de l'intensité de la demande de réajustement ou d'adaptation. Notons, en passant, que le schéma est tracé selon les premières définitions du stress. Le niveau de stress n'est jamais égal à zéro, puisque l'absence complète de stress, selon ces définitions, est synonyme de mort.

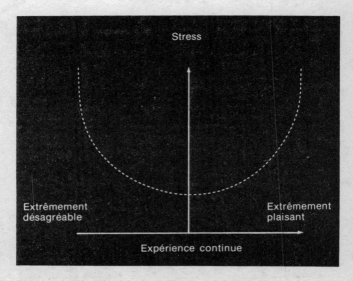

Schéma 3: Modèle théorique illustrant la relation entre le stress et divers types d'expérience vécues selon Selye. (1974).

La courbe en U renversée (Voir schéma 4) illustre la relation entre le niveau de stress ressenti et la qualité de la performance. On constate que la performance s'améliore lorsque le stress ressenti est modéré et qu'elle se détériore lorsque le stress ressenti est trop élevé ou inexistant. En d'autres termes, lorsqu'une personne doit faire face à une situation exceptionnelle par son intensité, sa complexité, son ambiguïté ou sa nouveauté, elle réagit généralement par l'anxiété, un mélange d'attention, de curiosité et de frayeur, ce qui déclenche une performance optimale. Toutefois, à mesure que l'anxiété s'accroît, la performance risque de se détériorer et l'on peut même voir apparaître des comportements plus régressifs de défense. Il ne fait guère de doute qu'un stress subit et intense ou même un stress faible mais trop prolongé ou trop répété puisse épuiser l'énergie d'adaptation de l'organisme.

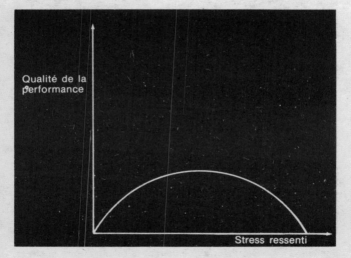

Schéma 4 : Relation entre le niveau de stress ressenti et la qualité de la performance.

Cependant, un degré trop faible de stress peut causer des symptômes similaires à ceux d'un stress intense. Les expériences d'isolement, en laboratoire ou en milieu naturel, où il y a privation de stimulations sensorielles ou perceptives ou exposition à des stimulations aussi uniformes que possible montrent que les sujets manifestent des symptômes typiques d'un état de crise : dépression aiguë, panique, hallucinations, difficultés de perception et de raisonnement. Le système nerveux semble avoir besoin d'un certain degré d'excitation pour fonctionner de façon optimale.

La stimulation interpersonnelle ou sociale semble suivre les mêmes lois que la stimulation physique. En effet, alors que des études montrent que la présence d'autrui ou la communication avec autrui diminuent l'effet stressant de certaines menaces physiques ou de certains environnements nocifs, d'autres études notent que le stress engendré par les relations sociales et intimes peut être intense, comme chacun l'a sans doute d'ailleurs éprouvé. Si l'isolement social est difficile à supporter, la vie avec les autres n'est pas toujours pour autant « un jardin de roses ».

Il semble donc qu'un très bas niveau de stimulation physique ou sociale ou trop d'uniformité dans la stimulation constituent une menace pour l'être humain tout autant qu'un niveau très intense, très complexe, très ambigu ou très inattendu de stimulation.

CONCLUSION

En examinant les trois critères de définition du stress, on constate facilement les difficultés de mesure du phénomène. Comme le mentionne Isabelle Trocheris, le stress est un «*mot pour lequel bien peu seraient capables de donner une définition précise. Pourtant, en biologie, le stress ou plutôt les stress ont une réalité biologique dont la répétition excessive sur les individus semble être une caractéristique de nos sociétés industrielles modernes*».

Plusieurs conditions peuvent produire un stress mais les réactions varient selon les individus. Certaines personnes seront stressées dans telle situation et d'autres n'auront aucune réaction. De plus, les réponses individuelles varient dans le temps et selon le contexte. C'est dire que la notion d'une réaction stéréotypée au stress doit être réévaluée. Avant de prédire quelles conditions sont «*stressantes*», il faut d'abord connaître la structure motivationnelle et l'histoire antérieure des personnes exposées à un agent stressant.

À la recherche d'une conception du stress qui rallierait théoriciens et chercheurs dans le domaine, certains ont proposé d'abandonner le terme et d'autres proposent de l'utiliser pour décrire un champ d'étude et d'intérêt comprenant les stimuli produisant le stress, les réactions elles-mêmes et les nombreux processus intervenant entre le stresseur et la réaction correspondante, peu importe que les stimuli soient internes ou externes, qu'ils mettent à l'épreuve ou dépassent les ressources adaptatives de l'individu ou du système social.

3. Les agents stressants

Comme nous l'avons vu, plusieurs chercheurs utilisent le terme « *stress* » pour décrire non seulement les réactions de l'organisme mais encore les multiples pressions internes et externes qui provoquent ces réactions. Ainsi, Toffler dira que la vie moderne est un stress au sens où la société d'aujourd'hui crée des conditions de vie qui atteindront sous peu les limites adaptatives de beaucoup d'êtres humains. Le terme « *stress* » correspond alors à « *stresseur* » ou « *agent stressant* ».

DÉFINITION D'UN AGENT STRESSANT

Selye définit l'agent stressant comme suit: «*toute demande faite au corps ou à l'esprit*». Cette définition est très englobante et elle évite le problème épineux des différences individuelles, des phénomènes d'adaptation et d'apprentissage. S'il est vrai, par exemple, qu'un climatisateur bruyant puisse stresser quelqu'un, il est tout aussi possible que ce stimulus ne stresse pas une autre personne. Bien que les recherches ne soient pas encore concluantes, il est préférable, comme nous l'avons vu, de connaître la personnalité et l'histoire antérieure de la personne exposée à un stimulus avant de prédire si ce stimulus peut agir comme agent stressant.

Sont ainsi considérés comme agents stressants tous les stimuli que l'organisme **perçoit** comme une menace à sa préservation ou à la satisfaction de ses besoins physiques ou psychologiques. Mentionnons, au niveau physique, les besoins de nourriture, de sexualité ou de repos et, au niveau psychologique, les besoins d'estime de soi, d'accomplissement, de succès, de pouvoir, de compréhension de soi et de l'environnement, de plaisir ou de beauté.

Selon certains, seules des situations extrêmes de menace à la vie constituent un stress pour tous les êtres humains. Les différences individuelles expliqueraient le fait que certains stimuli stressent certains individus et n'agissent que de façon spécifique chez d'autres.

Les agents stressants sont multiples et variés. Ils peuvent être nouveaux ou familiers, brefs ou durables, intra-organismiques ou externes, réels ou imaginaires.

Leur intensité peut être plus ou moins grande. Le schéma 5 présente quelques exemples de stresseurs selon deux de ces variables, l'intensité et la durée.

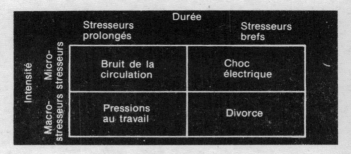

Schéma 5 : Quelques exemples d'agents stressants selon deux variables, l'intensité et la durée.

Les agents stressants peuvent être « *négatifs* » ou « *positifs* », plaisants ou désagréables. Les événements heureux de la vie peuvent causer autant de stress que les événements pénibles. Par exemple, un mariage ou un travail créateur peuvent stresser tout autant que la perte d'un emploi ou la mort d'un conjoint.

Un stimulus anticipé peut agir comme stresseur. Des recherches ont montré que l'anticipation d'un événement risque d'être plus stressante que l'événement lui-même. Par exemple, le stress des parachutistes est quelquefois plus intense avant le saut que durant le saut. La vue d'une seringue hypodermique fait peut-être davantage frissonner que la piqûre elle-même.

Par contre, l'événement inattendu peut causer un stress plus grand encore. En effet, un deuil, un accident de voiture, un spectacle horrifiant provoqueront des effets plus nocifs s'ils sont soudains plutôt qu'anticipés. Les recherches sur des patients hospitalisés ont démontré l'importance des communications préparatoires pour réduire, entre autres, le stress d'une opération.

Pour vous permettre de réaliser la variété des agents stressants auxquels vous êtes exposés, tentons de les classifier selon leur signification psychologique et selon leur source.

CLASSIFICATION DES AGENTS STRESSANTS

Les agents stressants peuvent être classés de multiples façons. Nous présentons deux classifications. La classification de Sharpe et Lewis distingue les stresseurs selon leur signification psychologique. La classification de l'Institut international du stress s'attarde plutôt à la nature ou à la source de l'agent stressant.

Selon leur signification psychologique, les stresseurs peuvent être répartis en six classes : stresseur de performance, stresseur de menace, stresseur d'ennui, stresseur de frustration, stresseur de perte ou de deuil et stresseur physique.

1. *Stresseur de performance*

Il s'agit de tout stresseur inhérent à la réalisation d'un travail physique ou mental, dans les phases de planification, réalisation, feed-back et évaluation. Sont également inclus dans cette classe les stresseurs inhérents à des situations perçues ou considérées comme devant répondre à des normes, des modèles, des standards, donc à des situations d'évaluation tels les rôles sociaux, les rôles sexuels ou les attentes envers soi-même.

2. *Stresseur de menace*

Les stresseurs résultant de situations perçues ou considérées comme dangereuses pour le soi physique ou le soi psychologique sont classés dans cette catégorie. Ces stresseurs peuvent ou non impliquer un risque objectif pour le bien-être physique ou psychologique de la personne. Donnons comme exemple de **stresseurs de menace physique**, l'agression physique, les sports comportant un risque plus ou moins élevé, la guerre, et comme **stresseurs de menace psychologique**, les situations sociales ou individuelles portant atteinte à l'estime de soi, au concept de soi, à la satisfaction des besoins de contact, de chaleur, d'inclusion et à l'équilibre dépendance-autonomie.

3. *Stresseur d'ennui*

Cette classe comprend les stresseurs résultant de situations perçues ou considérées comme manquant de stimulation physique ou mentale, telles les situations routinières, les situations où le milieu physique interpersonnel ou social n'est pas suffisamment stimulant que ce soit au travail, dans les relations sexuelles, les conversations, les loisirs ou l'environnement.

4. *Stresseur de frustration*

Cette catégorie fait référence à tout stresseur inhérent à des situations perçues ou considérées comme indésirables, mais sur lesquelles nous n'avons pas de contrôle. Donnons comme exemples les situations de double contrainte, toute forme d'impuissance physique (maladie, emprisonnement), sociale (injustice, manipulation) ou personnelle, les interactions où l'on ne reçoit pas ce qu'on attend soit d'amis, de confrères, de la famille ou de professeurs. L'accroissement actuel de la bureaucratie administrative amène un stress de frustration constant dans les grandes villes.

5. *Stresseur de perte ou de deuil*

Il s'agit de tout stresseur résultant de la perte d'une personne aimée ou d'un objet valorisé (fortune, travail, jeunesse ou gratification attendue).

6. *Stresseur physique*

Tout stresseur pouvant causer une atteinte physique immédiate à la personne est considéré comme un stresseur physique : maladie, blessure, pollution, bruit, température, manque d'exercice, suralimentation, jeûne ou médicaments.

Selon la classification de l'Institut international du stress, les stresseurs sont catégorisés selon leur nature ou leur source : stresseurs en général, stresseurs physiques, stresseurs neuro-psychiatriques, stresseurs psycho-sociaux et stresseurs reliés à l'occupation. Le tableau 1 présente la liste des stresseurs énumérés dans chaque catégorie.

TABLEAU 1

Classification des stresseurs selon l'Institut International du stress

Stresseurs en général	Stresseurs physiques	Stresseurs neuro-psychiatriques	Stresseurs psycho-sociaux	Stresseurs reliés à l'occupation
– jeûne, inanition, malnutrition – suralimentation gavage – traumatisme (physique)	– altitude, hypoxie, décomposition – brûlures – chaleur – électro-choc – exercice physique – froid, gelure – gravité, accélération, décéleration – guerre, combat – hyperventilation, hyperoxie, compression – rayons solaires – rayons ionisants – rayons X – spectre visible – magnétisme, champ électromagnétique – contrainte physique – immobilisation, son, bruit – température en général – rayons ultraviolets et infrarouges – ultrason – vibration	– anxiété, inquiétude – émotions – affliction, deuil – carence affective, soins aux enfants – examens, tests – combativité – manipulation (animaux) – privation sensorielle – privation de sommeil – entrevues – média – motivation – discours public, trac de l'artiste	– captivité – emprisonnement – catastrophes, cataclysmes – climat, météo – surpeuplement, entassement – culture – problèmes économiques – famille (divorce, délinquance, mauvais traitements à l'égard des enfants) – hospitalisation, soins intensifs – vieillissement – pollution – immigration, déménagement – isolement social – problèmes sociaux – transport, voyages – vie urbaine, habitat	– aviation, aéronautique – architecture – contrôle aérien (Signalisation) – forces armées – arts – athlétisme – criminalité – art dentaire – cadres administratifs, travail de bureau – industrie, commerce – droit – médecine – conduite automobile – marine – nursing – parachutisme – police – plongée sous-marine – travail social – éducation (professorat, études) – retraite – chômage

1. *Stresseurs en général*

La première catégorie de stresseurs comprend les traumatismes physiques ; le jeûne ou la malnutrition et la suralimentation. Comme certains stresseurs physiques, ces stresseurs déclenchent la réaction d'alerte de l'organisme par leurs seuls effets spécifiques. Même si on ne perçoit pas le danger du gavage, l'obésité qui en résulte est un stress pour le corps. Nous mentionnons, dans la section sur l'alimentation comment les habitudes et les régimes alimentaires peuvent, au même titre que les agents extérieurs, traumatiser l'organisme.

2. *Stresseurs physiques*

La gamme des stresseurs physiques est longue et variée. Donnons quelques exemples. Un exercice physique trop intense peut déclencher une attaque cardiaque chez certaines personnes prédisposées. Certains naufragés ont longuement parlé du stress du froid en haute mer. On citait dans le San Francisco Chronicle, Nov. 1, 1977, que des travailleurs d'usine exposés au bruit constant des machines à Mexico démontrent, de façon significative par rapport à un groupe contrôle, les symptômes suivants : nervosité, perte de poids, attaques cardiaques et diminution du désir sexuel. Tanner rapporte les effets tout aussi nocifs du bruit chez des enfants qui vivent à proximité d'une autoroute à 12 voies à New York. Ces enfants ont plus de difficulté qu'un groupe contrôle à distinguer des sons semblables comme « *gear* » et « *beer* », « *cope* » et « *coke* », d'où les difficultés plus grandes dans l'apprentissage de la lecture.

La guerre est sans doute le stresseur physique le plus violent. On y retrouve une multitude d'agents stressants : froid, humidité, boue, moustiques, manque d'indépendance, de sommeil, de nourriture, vacarme et confusion, angoisse, blessures, mort, perte des camarades de combat. La détresse est telle que Janis cite de nombreux témoignages racontant comment des soldats s'endorment sur la ligne de feu et comment des chasseurs lors de la dernière guerre oubliaient de prendre lés précautions les plus élémentaires pour assurer leur survie, comme si à un tel seuil de détresse l'être humain s'abandonnait à la mort.

3. Stresseurs neuro-psychiatriques

Les stresseurs neuro-psychiatriques se rapportent à des conditions de l'environnement ou à des événements qui provoquent habituellement des états d'angoisse, d'anxiété, de colère, de tristesse, de peur et, si le traumatisme est intense, un état de panique, de dépression aiguë ou chronique, des pensées obsessives, des cauchemars ou des hallucinations.

Ainsi des expériences en laboratoire ont maintes fois montré que dans un état de privation sensorielle, les sujets manifestent les symptômes suivants : désorientation, anxiété, dépression et même hallucinations. Les trappeurs du Grand Nord, dans leur isolement, les chauffeurs de camion, à la suite de longues heures de conduite monotone, rapportent des symptômes similaires.

Un deuil ou un accident grave provoquent généralement les mêmes effets : crises d'anxiété, troubles du sommeil, sentiments de dépression, état de léthargie, confusion, irritabilité, perte de contrôle émotif, physique ou mental. L'amnésie totale ou partielle de l'événement traumatisant et des cauchemars complètent habituellement le tableau.

Les tests, examens et entrevues de sélection sont suffisamment familiers pour que nous ayons tous connus, à des degrés divers, l'effet des stresseurs neuro-psychiatriques.

4. *Stresseurs psycho-sociaux*

Dans son livre, le *Choc du futur*, Toffler décrit bien la plupart des stresseurs psycho-sociaux de la vie moderne. Bien qu'il soit facile d'oublier que, dans l'ensemble, le bon vieux temps n'était pas de tout repos, l'éventail des agents stressants y était toutefois simple et, en général, prévisible. Le stress provenait principalement de menaces ou de privations physiques. Le stress moderne est davantage d'ordre psychologique : il est continu, moins contrôlable, plus inattendu, agaçant et cumulatif.

Les demandes d'adaptation proviennent de tous les secteurs de la vie : où demeurer, quoi faire, quel style de vie adopter, quelle alimentation avoir, comment se vêtir, etc. Le style de vie devient aujourd'hui aussi transitoire que les objets de consommation. On s'associe à des groupes autour d'un héros ou d'une idée qui disparaissent rapidement et nous laissent en quête d'une nouvelle identité. On consomme les styles de vie (homosexualité, végétarisme, sports, etc.) comme on consommait auparavant les produits nécessaires au maintien de la vie. Une soirée au théâtre devient un « *happening* », le choix d'une automobile se présente comme une véritable création tellement il y a de modèles et de possibilités d'accessoires. Alors qu'il y avait autrefois un ou deux postes à la télévision, on a maintenant le câble et on parle de télévision à péage et de programmes sur demande.

La technologie accélère le rythme et le taux de la production. Le rythme de vie devient de plus en plus rapide. Les objets, les lieux et les personnes deviennent transitoires. Ainsi, il vaut mieux de nos jours acheter que réparer : on achète des mouchoirs de papier et on loue son automobile. En 1966, 7 000 nouveaux produits apparaissent sur le marché alimentaire américain et en 1971, 42% sont déjà choses du passé. De 1950 à 1963, le nombre de marques de savon a augmenté de 65 à 200. Toffler dit à la blague qu'il faudrait qualifier Shakespeare d'illettré puisqu'il ne comprendrait que 250 000 des 450 000 mots de la langue anglaise courante.

Chaque jour, de nouvelles découvertes créent des perspectives différentes de vie. On dit que dans 50 ans,

l'homme vivra en grande partie des ressources mari-
times (nutrition, récréation, habitation...). On parle d'un
homme bionique, d'une technologie des naissances. En
1938, on atteignait 400 milles à l'heure en avion et, en
1960, la vitesse est de 18 000 milles à l'heure dans les
capsules spatiales. Avant 1500, on publiait 1 000 livres
nouveaux par année en Europe et en 1965, 1 000 livres
nouveaux par jour paraissent dans le monde. Le monde
de l'information nous bombarde chaque jour d'idées et
d'images qui transforment notre perception de la réalité.
L'Américain moyen est assailli par 560 messages publi-
citaires chaque jour.

Un Américain sur quatre déménage chaque année.
En 1969, des 885 000 inscriptions figurant à l'annuaire
de Washington (D.C.), plus de la moitié sont de nouvelles inscriptions. Dans les grandes compagnies, le
personnel exécutif est appelé à déménager si souvent
qu'on traduit « *IBM* » par : « *I've been moved* ». Fried a
étudié les réactions des gens qui sont forcés de déménager et a trouvé que plusieurs ont une réaction sem-
blable à ceux qui vivent un deuil. Il en conclut que ces
déménagements provoquent une réaction de stress
intense. Des chercheurs ont d'ailleurs montré que les
maladies reliées au stress et le taux de mortalité sont
plus élevés chez les immigrants et les gens qui laissent
la ferme pour vivre en ville.

Tous ces changements affectent profondément les
relations sociales et intimes. Les déménagements amènent à construire constamment de nouvelles relations.
La mobilité sociale change le milieu humain dans lequel
on évolue. Les relations interpersonnelles deviennent
fonctionnelles. L'isolement social s'accroît engendrant
un stress considérable.

La solitude provoque une foule de problèmes. Peu
importe la population (âge, sexe, fait d'avoir des enfants
ou de ne pas en avoir), les gens mariés se disent moins
stressés et plus satisfaits que leurs pairs non mariés,
célibataires, veufs ou divorcés. Une étude sur une
population de 7 000 Californiens suivis sur une période
de 9 ans a montré que les risques de mortalité sont deux
fois et demie plus élevés chez les hommes célibataires
socialement isolés que chez les hommes mariés ou
actifs socialement et que ces risques sont quatre fois et

demie plus élevés chez les femmes entre 30 et 49 ans ayant très peu de relations sociales comparativement à un groupe de femmes du même âge ayant des relations sociales plus fréquentes.

La cellule familiale ressent également ces remous sociaux. Une personne sur quatre peut s'attendre à divorcer d'après les statistiques actuelles sur le divorce. Or, il y a plus de maladies cardiaques, de cancers et de suicides chez les personnes divorcées que chez les personnes mariées. On sait également que les partenaires d'un mariage malheureux souffrent plus de maladies reliées au stress que les personnes remariées et heureuses dans leur second mariage.

Comme chacun le sait, la vie urbaine ne règle pas les problèmes d'isolement mais apporte une gamme de stresseurs majeurs. Alors qu'en 1850, on comptait 4 villes de 1 000 000 d'habitants, il y en avait 141 en 1960. Des études sur la surpopulation isolent comme facteurs de stress les problèmes économiques, la multiplication des contacts quotidiens, le bruit, les transports, le nombre et la densité de la population.

La densité de la population est considérée comme un facteur crucial. Une étude faite sur une population de Manhattan où la densité est de 100 personnes au cent mètres carrés rapporte que 4 personnes sur 5 souffrent de troubles psychiatriques, une personne sur 4, de névrose grave ; on y retrouve deux fois plus de suicides, 2 fois plus de morts accidentelles et 4 fois plus de cas d'alcoolisme et de délinquance. D'autres recherches confirment également les problèmes sociaux reliés à la surpopulation. Ainsi, Zimbardo gare une voiture dans une rue à Manhattan et une autre à Palo Alto. Dans les deux cas il choisit un lieu proche de l'Université ; il ouvre le capot pour indiquer un trouble mécanique. A New York, il observe des actes de vandalisme après 7 minutes. Quarante-six heures plus tard, la voiture est devenue un tas de ferraille. Dans ce même laps de temps, à Palo Alto, l'auto ne subit aucun dommage ; un piéton s'arrête même pour fermer le capot de la voiture alors que la pluie se met à tomber.

Il n'est pas facile de conclure à une relation directe entre la densité de la population et les problèmes sociaux observés puisque ceux-ci pourraient également s'expliquer par d'autres facteurs comme le chômage ou la pauvreté. Pour confirmer cette relation, des études ont été faites chez des populations animales et bien qu'elles ne permettent pas de conclusions définitives, des observations similaires ont été rapportées. Par exemple, l'étude d'une population de cervidés au large des côtes du Maryland a montré que lorsque leur nombre eut atteint 400,300 moururent en trois semaines. L'autopsie révéla l'hypertrophie des surrénales et des troubles rénaux chroniques, deux symptômes caractéristiques du stress. De même, des recherches en laboratoire ont montré que chez des rats entassés, les mâles dominants deviennent agressifs et attaquent les autres mâles, les bébés et les femelles enceintes.

Ainsi, bien que la ville offre de nombreuses stimulations physiques, culturelles et sociales, certains de ces bienfaits sont en eux-mêmes des agents stressants ou amènent indirectement des facteurs de stress : foules, files d'attentes, insécurité d'emploi, problèmes familiaux, bruit, pollution, problèmes de transport, surpeuplement et entassement.

Si les stresseurs psycho-sociaux ont toujours existé, les recherches laissent croire qu'ils sont aujourd'hui plus nombreux et plus intenses que par le passé. Selon plusieurs auteurs, en effet, jamais stress plus grand n'a été vécu par l'être humain, d'où la nécessité de prévenir « *le choc du futur* ».

5. *Stresseurs reliés à l'occupation*

Le travail est une source majeure de stress positif, mais pour plusieurs d'entre nous, il constitue une source de détresse. Des études en milieu organisationnel isolent des facteurs de stress au niveau de la tâche, de l'environnement physique, du milieu social et du rôle. Des conditions de travail insatisfaisantes, une trop grande monotonie, les ambiguïtés d'évaluation, la surcharge de travail, la capacité plus ou moins grande de l'employé à suivre des échéanciers et à séparer la vie professionnelle de la vie personnelle sont autant d'aspects générateurs de stress en regard de la tâche. Un éclairage inadéquat, des tables de travail non fonctionnelles, l'espace restreint, l'aménagement peuvent contribuer, entre autres, à un environnement physique stressant. Les relations entre collègues et la structure hiérarchique peuvent encore accroître la tension au travail. Enfin, l'ambiguïté, la surcharge ou la nature du rôle peut causer des problèmes.

Il semble que toutes choses étant égales par ailleurs, le stress augmente proportionnellement aux responsabilités assumées. Ainsi, Jacob cite une étude selon laquelle le stress émotif relié à des responsabilités élevées précède dans 91% des cas le déclenchement de crises cardiaques. Par ailleurs, le stress peut également apparaître s'il y a trop peu de responsabilités à assumer. Ainsi, les cols bleus souffrent plus du stress d'ennui que les cols blancs.

Certains métiers provoquent plus de stress que d'autres : par exemple, le contrôle du trafic aérien, la médecine, le nursing aux soins intensifs et à l'urgence. Les travailleurs sédentaires ont plus d'attaques cardiaques et meurent plus jeunes que ceux dont le travail requiert un effort physique.

D'autre part, le travail demeure un facteur important de santé mentale. Les chômeurs sont plus susceptibles de se suicider, d'avoir des ulcères et des dépressions nerveuses et de divorcer que ceux qui travaillent. De même, comparées aux ménagères, les femmes qui travaillent sont plus heureuses, ont une meilleure communication avec leur conjoint, se disent plus satisfaites de leur mariage et en général se sentent mieux physiquement et mentalement. Mais le bonheur des uns fait le malheur des autres puisque, comparés aux conjoints de ménagères, les partenaires de femmes qui travaillent sont moins heureux, ont une moins bonne santé, vivent plus de pressions au travail et ont moins de satisfaction dans leur emploi et leur mariage !

L'énumération des agents stressants en montre le nombre et la variété. Vous pouvez constater que plusieurs sont quotidiens. Du lever au coucher, nous sommes assaillis par une foule d'agents stressants que ce soit au travail, au volant de la voiture ou à la maison. Il suffit de peu pour atteindre le seuil critique de la détresse.

4. La détresse

Lorsqu'il est stressé, l'être humain est dans un état d'alerte physiologique qui l'active à mieux percevoir le danger et qui le motive à l'action, les émotions étant une source d'énergie pour le combat, la fuite ou toutes solutions de compromis. Alors que le stress peut aider l'organisme à se défendre ou à lutter pour survivre ou mieux vivre en fournissant l'énergie physique et psychologique nécessaires, un niveau trop élevé d'activation peut cependant amener un état de détresse physique ou psychologique.

TROUBLES PHYSIQUES

On pense aujourd'hui que le stress joue un rôle important dans le déclenchement de la maladie. Ainsi, en donnant des cotes[1] à des changements qui se produisent couramment dans la vie des gens (Voir tableau 2), Holmes et Rahe ont trouvé une forte corrélation entre des scores de 300 points à leur échelle (pour une période d'une année) et la présence de certaines maladies. Faites vous-mêmes le test et vous constaterez qu'un tel score est vite atteint.

---

1. Ces cotes sont établies d'après un échantillon de la population américaine et sont comparables aux cotes données par d'autres échantillons dans d'autres cultures.

TABLEAU 2

Échelle de Holmes-Rahe

Événements	Points
Décès du conjoint	100
Divorce	73
Séparation conjugale	65
Peine de prison	63
Mort d'un parent proche	63
Blessure ou maladie	53
Mariage	50
Perte d'emploi	47
Réconciliation avec l'époux	45
Passage à la retraite	45
Maladie d'un membre de la famille	44
Grossesse	40
Difficultés sexuelles	39
Augmentation de la famille	39
Changement dans la situation de fortune	39
Mort d'un ami intime	37
Changement d'emploi	36
Changement dans la fréquence des scènes de ménage	35
Hypothèque ou prêt élevé	30
Modification des responsabilités professionnelles	29
Départ (du foyer) d'un enfant	29
Ennuis avec la belle-famille	29
Grand succès personnel	28
Reprise ou abandon du travail par l'épouse	26
Début ou fin d'études	26
Changement dans les habitudes	24
Ennuis avec le patron	23
Changement de domicile	20
Changement d'établissement scolaire	20
Vacances	13
Petites infractions	11

Pour alléger vos craintes, peut-être à tort, ajoutons que le test de Holmes-Rahe peut être facilement critiqué. L'étude ne tient pas compte des différences individuelles dans la prédisposition à la maladie (agents biochimiques, facteurs psychologiques d'adaptation et support social disponible) ni du fait que des stress minimes et continuels peuvent être aussi significatifs que des stress majeurs. En outre, la validité de l'échelle est faible puisqu'il s'agit d'auto-évaluations, donc de commentaires subjectifs.

Bien qu'on puisse douter des résultats du test de Holmes-Rahe, il est certain que le stress est source de manifestations pathologiques ou de complications de pathologies préexistantes pouvant aller jusqu'à la mort. Pour les uns, le stress serait la cause directe de nombreuses maladies, pour les autres, une des causes de certaines maladies parallèlement à des facteurs physiques. Rahe a même classifié les maladies selon le poids relatif de facteurs physiques et psychologiques. Dans les maladies comme la céphalée, les douleurs lombaires, les ulcères de l'estomac et du duodénum ou les maladies coronariennes, les facteurs psychiques prédomineraient alors que dans le botulisme, les facteurs physiques seraient presque entièrement déterminants. Voyons les conclusions d'autres auteurs.

Selye, pour sa part, mentionne le rôle important du stress dans la tension artérielle, les accidents cardiaques, les ulcères duodénaux et gastriques et divers troubles mentaux.

Friedman et Rosenman, des cardiologues réputés, écrivent: « *L'exercice, la diète, l'histoire familiale et le taux de cholestérol sont des facteurs importants dans les maladies cardiaques mais le facteur crucial d'augmentation accélérée du taux de la maladie est le rythme de plus en plus rapide de vie* ».

McQuade et Aikman, dans un livre portant sur les effets physiques du stress, attribuent à ce dernier un rôle dans les crises cardiaques, l'hypertension, l'angine, les problèmes d'arythmie, les migraines, les ulcères, les colites, la constipation, la diarrhée, le diabète, les infections, les allergies, le cancer, les maux de dos, les maux de tête, l'arthrite et la prédisposition aux accidents.

Schafer termine sa revue de littérature en disant que le stress augmente la probabilité des maladies suivantes: maux de tête, ulcères, insomnies, maux de dos, pression artérielle, rhumes, arthrite, colites, allergies, problèmes de peau et addictions. Dans ce dernier cas, précisons que Marlatt confirme la corrélation entre tension et probabilité d'alcoolisme tout en mentionnant que boire diminue momentanément l'état de stress.

Malgré les divergences d'opinion, on notera que les chercheurs cités s'entendent sur le fait que le stress joue un rôle important, sinon capital, dans trois classes de maladies: les maux de tête et de dos, les ulcères de l'estomac et du duodénum et l'hypertension artérielle.

TROUBLES PSYCHOLOGIQUES

Le stress provoquerait non seulement la maladie physique mais également des symptômes de maladie mentale ou la maladie mentale. Certains symptômes sont bénins et courants comme la fatigue, la tension musculaire, l'irritabilité ou le retrait émotif. Un stress trop intense pourrait cependant entraîner la dépression et même la schizophrénie.

Les relations entre le stress et la maladie mentale demeurent encore vagues au plan théorique. Epstein fait appel à la notion du concept de soi pour décrire le lien entre les deux phénomènes. Selon lui, alors qu'un stress modéré contribue à enrichir le concept de soi, un stress trop intense (tel une menace à son intégrité physique ou à son estime de soi, la perte des objets d'amour, l'impuissance à résoudre un problème ou une surstimulation physique ou mentale) peut amener rapidement un déséquilibre dans les fonctions du concept de soi. Il définit ainsi ces fonctions: maintenir une balance favorable entre le plaisir et la souffrance, assimiler les données de nouvelles expériences et maintenir l'estime de soi. Si un tel déséquilibre se produit, l'individu risque de devenir défensif pour conserver intact son concept de lui-même, d'où l'apparition de symptômes plus ou moins pathologiques.

Plusieurs auteurs s'entendent pour parler des mécanismes de défense comme des moyens de faire face au stress. On les considère autant alors comme des mécanismes d'adaptation que comme des mécanismes de défense. On note même que le style de personnalité névrotique peut être une façon générale de faire face au stress. Ainsi, par sa structure de personnalité, l'obsessif-compulsif, caractérisé par sa rigidité de pensée et le sentiment d'un « *devoir-faire* » sans autonomie personnelle, évite la nouveauté et surmonte ainsi l'anxiété engendrée par le doute et l'incertitude.

Menninger a établi une classification des mécanismes de défense en cinq niveaux selon un continuum d'adaptation. Il cite comme comportement de premier niveau l'hyperactivité et la surintellectualisation alors qu'il donne la folie comme mécanisme extrême de défense. Laing ou Bateson voient aussi la schizophrénie comme une solution extrême à une tension insupportable. Des études ont permis de vérifier ces théories auprès de populations spécifiques. Ainsi plusieurs chercheurs ont montré que des femmes souffrant du cancer du sein ou des parents dont l'enfant souffre d'une maladie en phase terminale utilisent divers mécanismes comme le déni, l'intellectualisation ou l'isolement de l'affect pour réagir au stress et que leur niveau d'adaptation dépend de la pertinence et de l'efficacité du mécanisme dans la situation. On notera, en effet, que le déni de la maladie peut empêcher les femmes souffrant de cancer de recourir à des soins médicaux nécessaires alors que le déni de la gravité du problème permet de suivre le traitement au lieu de se suicider ou de paniquer devant une mort probable. D'autres recherches sur des étudiants en médecine relèvent la blague et l'humour comme mécanismes face aux examens alors qu'un langage professionnel et certaines manœuvres techniques, tel le fait de recouvrir le visage du cadavre, lors des autopsies, sont citées comme stratégies pour diminuer le stress.

Des états profonds de détresse peuvent être provoqués autant par des micro-stresseurs que par des macro-stresseurs. La dépression, par exemple, serait plutôt causée par l'accumulation de micro-stresseurs que par un événement précipitant auquel on attribue généralement la source de la maladie. Les micro-stresseurs peuvent être variés : critiques quotidiennes, objectifs irréalistes, évaluations négatives de soi, manque de communication sociale ou absence de compensations positives.

Un deuil, un accident grave ou une expérience particulièrement stressante, tel un naufrage, sont les meilleures illustrations de macro-stresseurs. Les réactions sont alors si intenses qu'elles peuvent facilement amener une névrose traumatique temporaire ou chronique. Lindemann décrit ainsi les réactions de séparation et de deuil. Au plan somatique, la détresse se manifeste par des serrements de gorge, des difficultés respiratoires, des soupirs fréquents, une sensation de vide dans le ventre et une fatigue musculaire. Au plan psychologique, les sujets rapportent des sentiments d'irréalité, de distance émotive par rapport aux autres, des préoccupations intenses au sujet de la personne disparue, une tendance à l'irritabilité et parfois, des sentiments de culpabilité. Au plan moteur, on note de l'agitation, des difficultés à soutenir une activité organisée et une léthargie fréquente. Certaines personnes réagissent par de l'hyperactivité pour oublier la perte subie ; d'autres développent des maladies psychosomatiques comme la colite ulcéreuse et l'asthme ou des problèmes psychologiques comme une dépression agitée et des conflits interpersonnels.

Ces symptômes disparaissent avec le temps dans la plupart des cas, mais pour certains, l'état adaptatif de névrose devient chronique. Ils ne reprennent pas intérêt dans les activités quotidiennes, développent des problèmes au travail, manifestent une grande dépendance et vivent de plus en plus dans un état de peur généralisée que plusieurs attribuent à une perte de confiance en soi pour affronter le stress.

L'effet de crise du stress intense est souvent différent selon que l'individu l'éprouve seul ou avec un grand nombre de personnes. Un désastre collectif, une guerre ou un tremblement de terre amènent souvent des conséquences positives, telles une nette diminution du taux de délinquance ou du taux d'admission dans les cliniques psychiatriques et une baisse du nombre de suicides. Aux États-Unis, des chercheurs se sont penchés sur 140 cas de catastrophes naturelles. Ils ont observé que malgré les circonstances effroyables, la majorité des individus s'occupent aux tâches urgentes avec bon sens et humanité. En étudiant les réactions de la population à la suite d'une tornade dans le White Country, Fritz constate les mêmes comportements: dans la demi-heure qui suivit la tornade, 32% des gens cherchait des personnes manquantes, 11% secouraient des victimes et 35% se consacraient à d'autres activités urgentes.

Pour terminer, insistons sur le fait que les premières réactions de détresse émotive sont adaptatives: elles permettent d'assimiler l'expérience stressante et de refaire ses forces physiques et mentales. C'est d'ailleurs souvent parce que cette étape est escamotée que des problèmes apparaissent. À cet effet, rappelont Watzlawick, Weakland et Fisch qui font remarquer à juste titre qu'un problème, c'est une difficulté courante de la vie qu'on résoud mal. Lorsqu'on se sent «*attaqué*» ou «*détruit*» par un stresseur, toute réaction de défense, dépression, hyperactivité ou ruminations intellectuelles, permet de rétablir l'équilibre et de retrouver peu à peu ses énergies. Selye note lui-même que ces stress peuvent paradoxalement amener des changements avantageux pour autant que la personne ait la possibilité de les assumer.

II

GÉRER
LE STRESS

5. Le processus de solution de problème

Des philosophes et des révolutionnaires ont rêvé d'une vie sans stress, d'un paradis d'harmonie et de détente. Certains ont proposé la voie spirituelle, le détachement des biens de ce monde et la méditation. D'autres ont prôné la conscience sociale et politique et ont exhorté leurs adeptes à s'unir pour créer des structures socio-économiques qui favorisent le respect et le bien-être de l'individu. Aussi valables qu'elles puissent être, ces solutions ne sont guère réalistes ou n'offrent pas de remèdes immédiats au problème quotidien de stress.

Dans la première partie de ce guide, vous avez été informé de la nature du stress, des principaux agents stressants et des effets nocifs de la détresse. Dans la deuxième partie de ce guide, nous utiliserons ces informations pour suggérer une démarche d'autogestion du stress qui est à votre portée, que vous pouvez entreprendre d'ores et déjà et qui vous aidera à faire les changements de vie qui s'imposent. Cependant, n'allez pas croire qu'il s'agisse de recettes-miracles! Une démarche d'autogestion requiert de la patience et des efforts et un certain nombre d'habiletés et de connaissances.

L'autogestion découle d'une croyance au contrôle interne plutôt qu'au contrôle externe dans la direction de sa vie. Certaines personnes croient que leur vie est régie par le destin, les autres, les événements et elles ne peuvent que se résigner à leur impuissance. Par exemple, elles ne se sentent responsables ni de leur santé ni de leur maladie. D'autres, au contraire, croient davantage au contrôle interne. Elles font preuve d'initiative et se prennent en main de façon autonome et responsable. Ces personnes ont un sentiment de pouvoir sur leur comportement et sur leur vie. Assumer la responsabilité de sa vie et croire qu'on a le pouvoir de maintenir ou de modifier ses comportements selon ses objectifs constituent les assises de l'autogestion.

D'aucuns penseront que l'autogestion nécessite une forte dose de volonté. Des analyses récentes du comportement humain montrent qu'elle requiert d'abord et avant tout la maîtrise de certaines habiletés et principalement l'habileté à résoudre un problème. Fort heureusement d'ailleurs, car les connaissances scientifiques actuelles n'ont pas expliqué encore en quoi consiste ce mystérieux pouvoir mental qu'est la volonté ! **L'exercice de la volonté ne diffère pas de l'autogestion**. Autogérer sa vie, c'est exercer sa volonté.

Quand nous parlons de l'habileté à résoudre un problème, nous nous référons à la capacité de suivre une démarche logique et structurée dans la solution d'un problème. Une telle démarche (Voir schéma 6) exige de définir clairement un problème, d'inventorier les solutions possibles, de les analyser, de choisir une solution ou un ensemble de solutions, d'appliquer la décision et finalement d'évaluer les résultats obtenus.

On peut représenter le processus de solution de problème comme un processus circulaire puisque la dernière étape, l'évaluation des résultats, permet souvent de constater que le problème n'est pas entièrement résolu, d'où la nécessité de faire un nouveau processus de solution de problème. Il est bien rare, en effet, qu'on puisse résoudre en une seule fois un problème tant soit peu complexe. Utiliser le stress à votre avantage plutôt qu'à votre détriment nécessitera sans doute plusieurs processus de solution de problème.

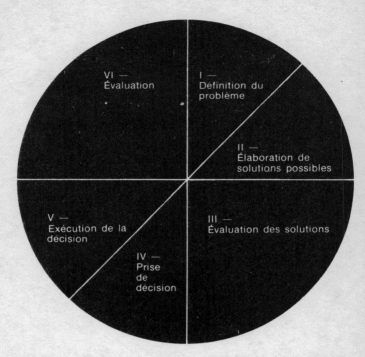

Schéma 6: Illustration du processus de solution de problème.

Tout au cours de ces pages, nous allons vous guider à travers les six phases d'un processus de solution des problèmes de stress dans votre vie. Pour définir ces problèmes, nous vous suggérerons un certain nombre d'exercices qui vous permettront de réaliser comment vos comportements actuels et votre milieu de vie contribuent aux problèmes que vous vivez. Nous proposerons ensuite un ensemble de solutions ou de stratégies majeures pour résoudre les problèmes posés. Il vous faudra alors, dans un premier temps, analyser la pertinence et l'efficacité de ces solutions et, dans un deuxième temps, arrêter votre choix sur l'une ou l'autre de ces solutions. Comme il n'est souvent pas facile de passer à l'action, nous vous informerons des différentes stratégies de modification de comportement qui vous aideront à exécuter votre décision.

En temps opportun, vous évaluerez les changements réalisés et vous constaterez peut-être que d'autres changements sont nécessaires. Mais puisque vous maîtriserez alors la technique de solution de problème, vous serez en mesure d'autogérer ces difficultés.

6. La définition du problème

Quels sont vos problèmes dans le domaine du stress ? C'est à cette question que nous allons tenter maintenant de répondre. Pour y parvenir nous verrons, dans un premier temps, comment procéder en général dans la définition d'un problème et, dans un deuxième temps, nous appliquerons ce procédé au problème du stress.

COMMENT DÉFINIR UN PROBLÈME ?

Imaginons qu'un de vos amis vous confie qu'il est stressé et déprimé parce que rien ne va dans ses études et il vous demande de l'aider à résoudre ce problème. Que répondriez-vous ou comment procéderiez-vous ? Avant de poursuivre la lecture du texte, prenez quelques instants pour réfléchir. Vous constaterez sans doute que si vous désirez vraiment l'aider, il vous faut obtenir plus de renseignements sur sa situation. Quelles questions lui poseriez-vous alors ? De quelles informations avez-vous besoin pour définir le problème ? Prenez encore quelques instants pour réfléchir. Réalisez-vous qu'une méthode générale est nécessaire pour définir un problème ou pour recueillir les informations pertinentes à sa solution ?

Mais continuons notre histoire et imaginons que votre ami dise qu'il a obtenu seulement 70% dans un examen alors qu'il visait 80%. À moins de rire de sa difficulté, vous seriez amené à constater qu'un problème, c'est une différence ressentie subjectivement entre une situation réelle et une situation idéale. En effet, un étudiant pourrait être satisfait d'une note de 70% alors que votre ami est déprimé devant ce résultat. Ce n'est pas la situation réelle qui constitue le problème mais bien l'écart entre les faits (note de 70%) et la situation idéale (note de 80%).

Pour définir un problème, il faut donc connaître, d'une part, la situation réelle et, d'autre part, la situation idéale. La situation réelle et la situation idéale se définissent par des faits ou des comportements mesurables et observables. Que le problème soit récent ou qu'il persiste depuis des années, le comportement (actuel et idéal) et la situation (actuelle et idéale) contiennent tous les éléments nécessaires à la compréhension de sa génèse ou de son maintien. Ainsi, pour définir le problème de stress dans votre vie, au lieu de vous catégoriser ou de vous étiqueter comme stressé, il vous faudra analyser de façon systématique votre situation et vos comportements et voir l'écart entre les faits et la situation souhaitée. Vous remarquez que l'analyse porte sur la différence entre deux situations ou deux comportements et non sur le «*pourquoi*» des situations ou des comportements. Dans le domaine du stress, nous ne chercherons pas à savoir pourquoi, par exemple, vous souffrez de détresse mais plutôt comment minimiser l'écart entre la situation actuelle et la situation idéale.

COMMENT DÉFINIR LES PROBLÈMES DE STRESS DANS VOTRE VIE?

Dans la première partie de notre exposé, nous avons vu que le stress est l'état de l'organisme quand il perçoit que son bien-être est menacé et qu'il doit utiliser ses énergies pour se protéger. Nous avons vu également que lorsqu'un stresseur agit sur une personne, l'impact dépend de nombreuses variables, dont la nature et l'intensité de l'agent stressant et les caractéristiques de la personne exposée à l'agent stressant.

Pour définir les problèmes de stress dans votre vie, il vous faut donc connaître, d'une part, la qualité et la quantité des stresseurs auxquels vous êtes exposé et, d'autre part, l'état de résistance de votre organisme à ces pressions ou, en d'autres termes, votre condition physique, psychologique et sociale.

QUELS SONT LES STRESSEURS AUXQUELS VOUS ÊTES EXPOSÉS?

Nous avons longuement parlé des principaux stresseurs auxquels l'être humain est exposé. Nous vous suggérons maintenant deux exercices vous permettant d'identifier la source et la nature des stresseurs auxquels vous êtes confronté de même que la façon dont ces différents stresseurs vous affectent.

Exercice 1

À l'aide de la nomenclature de l'Institut international du stress (Voir p. 37), faites la liste des stresseurs auxquels vous êtes exposé. Pour vous aider, revoyez en imagination des journées typiques et, du lever au coucher, notez tous les stresseurs qui se présentent.

Exercice 2

Répondez maintenant au questionnaire suivant pour identifier le type de stress qui vous affecte davantage:

QUESTIONNAIRE D'ÉVALUATION DES TYPES DE STRESS[1]

Encerclez le score qui correspond à votre réponse. Si la question n'est pas pertinente, scorez 0.

	Score

A) Stress de performance

1. Quand je pratique un sport compétitif,
- tout mon jeu souffre d'un manque de concentration **3**
- il y a des périodes du jeu où mon attention n'est pas uniquement orientée vers les stratégies de jeu à adopter **2**
- mon attention est concentrée sur le jeu et je joue de mon mieux **0**

2. Lors d'une conversation avec une ou plusieurs personnes,
- je me demande souvent quelle est la meilleure chose à dire **3**
- je n'aime pas exprimer mon opinion de crainte que les autres ne la partagent pas **2**
- je n'éprouve pas de difficulté **0**

3. Quand je fais l'amour avec un(e) partenaire,
- j'ai très peu d'idées de ce qu'il faut faire pour me satisfaire et pour la (le) satisfaire **3**
- nous arrivons à une satisfaction mutuelle mais de façon irrégulière **2**
- nous avons habituellement confiance que cela va être agréable **0**

---

1. Questionnaire traduit et adapté de Sharpe et Lewis (1977).

	Score

4. Quand je fais un travail intellectuel exigeant,
- je perds fréquemment ma concentration et ne peux m'astreindre à la tâche 3
- je ne travaille que par petites périodes entrecoupées par de grandes périodes infructueuses 2
- j'aime ce défi et je me mets à la tâche rapidement 0

5. Quand j'ai à prendre des décisions qui vont affecter l'avenir de mes proches,
- je me préoccupe désespérément et je deviens très anxieux(se) sans en venir à une décision ferme 3
- je parviens généralement à prendre une décision, mais non sans beaucoup de tension 2
- je prends généralement une décision rapidement et je m'y tiens 0

6. Quand je suis dans des situations qui peuvent conduire à des rapports sexuels,
- je me sens tellement anxieux(se) que je change rapidement de sujet 3
- j'éprouve de la difficulté à exprimer mes sentiments réels 2
- je n'éprouve pas de difficulté 0

7. Quand j'ai à agir en public,
- je deviens paniqué(e) et je trouve n'importe quelle excuse pour éviter la situation 3
- j'éprouve beaucoup de difficulté à contrôler ma tension 2
- je ne suis pas indûment préoccupé(e) par la présence de spectateurs 0

TOTAL ....

	Score

B) STRESS DE PEUR

1. Je pratique un sport qui implique un risque de blessure physique,

— fréquemment	3
— de temps en temps	2
— jamais..............................	0

2. Je me préoccupe du fait que je pourrais être malade,

— fréquemment	3
— parfois	2
— jamais..............................	0

3. Quand je suis dans des situations qui peuvent conduire à des rapports sexuels, je suis,

— très anxieux(se)	3
— inconfortable et embarrassé(e)	2
— détendu(e)	0

4. Face à certains objets ou faits de la vie que la plupart des gens acceptent sans anxiété, je suis,

— très tendu(e) et anxieux(se)...........	3
— nerveux(se) et inconfortable	2
— aussi détendu(e) qu'eux	0

5. La probabilité d'une guerre internationale,

— me place dans un état continuel de tension..............................	3
— me rend souvent anxieux(se)	2
— ne me préoccupe jamais.............	0

6. Quand je souhaite affirmer mes droits et privilèges,

— j'ai peur qu'on m'attaque	3
— j'ai peur de léser les droits d'autrui ...	2
— je n'hésite pas à le faire	0

Score

7. Quand j'ai à voyager loin de chez moi,
— je me sens très anxieux(se), paniqué(e),
ne souhaitant que revenir chez moi ...   3
— je vois venir le voyage avec inquiétude et
inconfort   2
— je suis tout à fait à l'aise   0

TOTAL ....

C) STRESS D'ENNUI

1. Quand je me lève le matin,
— je crains l'ennui de la journée qui vient   3
— je ne suis pas particulièrement stimulé(e)
en pensant à la journée qui vient   2
— je suis souvent stimulé(e) par la journée
à venir   0

2. Je considère mon travail (ou mes études) comme,
— routinier, ennuyant et sans défi   3
— généralement intéressant, mais avec des
périodes de routine..................   2
— très souvent stimulant et sans routine
excessive............................   0

	Score

3. Lors de mes interactions avec mon (ma) partenaire,
- je ne trouve pas d'intérêt commun dont je pourrais discuter ni d'activité commune à faire **3**
- j'ai occasionnellement des moments intéressants entrecoupés de longues périodes d'ennui **2**
- je trouve ces moments généralement stimulants et agréables et c'est réciproque **0**

4. Lors des relations sexuelles,
- il y a peu de variations et de stimulations nouvelles............................. **3**
- il y a parfois des moments de plaisir . **2**
- je vis souvent une expérience agréable **0**

5. Je passe la majorité de mes loisirs,
- à la maison, seul(e) **3**
- avec les quelques amis que j'ai **2**
- dans des situations sociales diversifiées **0**

6. Les tâches intellectuelles que j'ai à faire comme étudiant ou travailleur,
- me vident l'esprit pour toute autre stimulation **3**
- me stimulent un peu l'esprit, mais jamais beaucoup **2**
- me stimulent et me présentent un défi agréable............................. **0**

7. Lors de conversations de nature sociale,
- je deviens vite ennuyé(e) par ce que je considère être des conversations banales **3**
- je trouve parfois de l'intérêt........... **2**
- je trouve habituellement de l'intérêt ... **0**

TOTAL ....

	Score

D) STRESS DE FRUSTRATION

1. Lors de mes interactions avec mon (ma) partenaire habituel(le) ou ma famille, je me trouve dans la position difficile de celui (celle) qui a tort,

— presque toujours	3
— assez souvent	2
— très rarement..........................	0

2. Mes besoins sexuels sont

— rarement satisfaits	3
— satisfaits de façon irrégulière	2
— satisfaits	0

3. Quand j'essaie de faire sentir ma présence à la maison ou au travail,

— je suis toujours ignoré(e)	3
— je sens que les gens ne s'occupent de moi qu'en apparence	2
— j'y parviens souvent	0

4. Quand j'écoute ou lis les nouvelles,

— je me sens fréquemment impuissant(e) et manipulé(e)	3
— je me sens occasionnellement dérangé(e)	2
— je ne me sens pas impliqué(e)	0

5. Quand j'ai à prendre des décisions importantes dans ma vie, j'ai l'impression que je vais être perdant(e), peu importe ce que je vais choisir,

— fréquemment	3
— occasionnellement	2
— jamais................................	0

	Score

6. Quand je pense aux problèmes importants auxquels j'ai à faire face actuellement,

— je ne vois aucune issue, sinon que je vais être perdant(e) **3**

— je crois qu'il y a probablement des solutions qui vont exiger beaucoup d'effort **2**

— je pense qu'ils peuvent se résoudre avec le temps et de la planification **0**

7. Je crois que je relève efficacement le défi de la vie,

— presque jamais **3**

— occasionnellement **2**

— habituellement **0**

TOTAL ....

E) STRESS DE DEUIL, DE PERTE

1. J'ai perdu un parent ou un ami proche

— très récemment **3**

— dans les derniers mois **2**

— depuis maintenant longtemps **0**

2. Même si j'ai perdu quelqu'un ou quelque chose qui m'est cher depuis longtemps,

— la peine que je ressens en y pensant est encore vive **3**

— j'ai des moments, tels les anniversaires de cette perte, où je suis encore très atteint(e) **2**

— j'y pense maintenant comme à un événement du passé **0**

3. Ayant récemment laissé un travail (ou des études) qui m'intéressait beaucoup,

— je me sens perdu(e) et n'arrive pas à m'en remettre **3**

— j'ai de fréquents souvenirs de mon bonheur antérieur **2**

— j'ai remplacé cet intérêt par un autre champ d'action d'égale valeur pour moi **0**

	Score

4. M'étant récemment séparé(e) ou ayant perdu récemment une relation significative,
- je me sens très affligé(e) et je sens cette perte irréparable **3**
- il me faut un effort considérable pour m'orienter vers d'autres relations **2**
- même si je suis triste de cette perte, je peux m'orienter vers d'autres relations **0**

5. Maintenant que je prends de l'âge,
- je deviens paniqué(e) en pensant à ma jeunesse passée et à l'incapacité que la vieillesse occasionnera **3**
- il y a des moments où je ressens que je ne suis plus capable de faire les choses comme je les faisais **2**
- je me sens me diriger vers une existence plus paisible **0**

6. Ayant été humilié(e) profondément dans le passé,
- ma confiance est affaiblie et j'évite toute lutte **3**
- occasionnellement, je pense à ce qui est arrivé et je sens que je manque de confiance **2**
- j'ai réussi à isoler cet événement et la confiance m'est revenue **0**

7. Parce que j'ai perdu la santé et ai été forcé(e) de changer mon style de vie,
- je suis continuellement morose et déprimé(e) . . . .
- j'essaie d'accepter la situation, mais je trouve peu de choses qui ont un sens pour moi **3**
- je me bats fort, mais je réussis à m'adapter **2**

TOTAL **0**

Reportez ici les totaux pour chacun des types de stress. Vous utiliserez ces résultats plus loin.
— Stress de performance :
— Stress de peur :
— Stress d'ennui :
— Stress de frustration :
— Stress de deuil ou de perte :
Vous venez d'identifiez les stresseurs auxquels vous êtes exposé et le type de stress auquel vous êtes davantage prédisposé. Voyons maintenant dans quelle mesure ces stresseurs vous affectent.

QUELLE EST VOTRE SEUIL DE RÉSISTANCE AUX STRESSEURS ?

L'impact d'un stresseur dépend en grande partie des caractéristiques de la personne exposée à ce stresseur. Avant de prédire quels stimuli seront stressants pour un individu, il faut connaître sa condition physique, sa condition psychologique, sa situation sociale et son histoire antérieure.

L'état de santé, la constitution physique, la condition physique et l'état de détente sont autant de variables qui, au plan physique, suscitent une réaction de stress avantageuse ou dommageable. Une mauvaise alimentation, le manque d'exercice et des habitudes de vie malsaines (manque de sommeil, alcool, tabac, médicaments, etc.) augmentent à long terme notre vulnérabilité aux stresseurs.

Les facteurs psychologiques sont également déterminants dans la résistance au stress. Ces facteurs sont divers. Certains sont communs à toute une population. Ainsi, même si la douleur est un phénomène universel, les Juifs et les Italiens ont tendance à exagérer la sensation ressentie alors que les Américains et les Irlandais ont une attitude plus flegmatique et « souffrent » moins.

D'autres facteurs, cependant, sont propres à certains individus. Ainsi, Friedman et Rosenman étudient le type de personnalité susceptible de développer des problèmes cardiaques ; ils distinguent deux types, A et B. Selon ces auteurs :

« *En l'absence des comportements caractéristiques du type A, les problèmes cardiaques ne se produisent jamais avant l'âge de 70 ans, indépendemment du taux de gras dans l'alimentation, de la consommation de cigarettes et du manque d'exercices... une personnalité saine et certains modes de comportement sont essentiels pour un cœur en santé... Les traits du type A sont presque tous des comportements qui déclenchent la réaction de fuite ou de combat. Conséquemment le type A est constamment dans un état où le système sympathique produit un taux excessif de catécholamines (les produits chimiques déclenchés dans un état de stress) résultant 1) en un niveau accru de cholestérol sanguin 2) une capacité diminuée à purifier le sang de ce cholestérol 3) un état prédiabétique et 4) une tendance accrue pour les plaquettes sanguines et les fibrinogènes à se détériorer et à s'agglomérer dans les parois des veines et des artères. Comme les veines et les artères deviennent obstruées, le cœur doit fonctionner de plus en plus fort pour faire circuler le sang à travers le corps. Éventuellement, les artères sont si obstruées que le cœur flanche* ».*

Le type A caricaturé se retrouve chez l'homme surmené et pressé qui, simultanément, avale son déjeuner, se rase, lit son journal, fait un téléphone tout en écoutant les dernières nouvelles de la bourse à la radio. Les caractéristiques de ce type de personnalité sont l'hyperactivité, l'acharnement, l'ambition, le besoin de se surpasser, l'esprit de compétition, un état d'alerte constant, l'impatience, une lutte contre la montre, des exigences élevées pour lui et les autres, un besoin de dominer et de s'affirmer. Rosenman ajoute qu'au niveau préconscient, on retrouve la vulnérabilité, la tension, l'anxiété, des doutes sur l'utilité d'un travail ou d'une carrière, la peur de l'échec et des difficultés d'adaptation aux changements survenant de façon brusque.

Le directeur d'entreprise détendu qui utilise les personnes de type A comme sous-directeur illustre bien la personnalité de type B. Les caractéristiques de ce type sont l'ouverture, un rythme détendu, l'attention aux relations sociales et intimes et l'esprit de réflexion.

Bien avant les études de Friedman et Rosenman, Dunbar trouve chez ses patients souffrant de troubles cardiaques des caractéristiques communes dans le passé familial. Par exemple, les hommes et les femmes se sont identifiés à leur père alors qu'ils étaient enfants et jeunes adultes tout en ressentant à son endroit beaucoup d'hostilité. Ils aiment particulièrement leur mère qu'ils dominent facilement par ailleurs. Selon Dunbar, ils investissent donc dans le travail à cause de cette compétition avec le père qu'ils cherchent toute leur vie à dépasser.

D'autres recherches montrent également une relation entre stress et traits de personnalité. En étudiant les cas de patients hospitalisés pour brûlures, des chercheurs trouvent que ceux qui récupèrent le plus rapidement ont les caractéristiques suivantes : autonomie, agressivité et beaucoup d'énergie.

Sans être aussi spécifiques que les auteurs mentionnés ci-dessus plusieurs penseurs croient que certaines attitudes augmentent la résistance aux stresseurs. Selye prône l'égotisme altruiste: «*Se réaliser en étant nécessaire aux autres et gagner ainsi leur sympathie*». Taché recommande de «*ne relever que les vrais défis*». Holmes conseille de ne pas trop prendre au sérieux les contre-temps inévitables de la vie, d'avoir confiance en soi et d'adopter une attitude optimiste. Culligan suggère d'espérer pour le mieux, de planifier le pire et de prendre ce qui vient avec humour. Boucher dit qu'après avoir tout essayé, il ne reste plus qu'à pratiquer les sept dons de l'esprit sain et les trois grâces du cœur ouvert (Voir tableau 3)!

TABLEAU 3

LES 7 DONS DE L'ESPRIT SAIN...

La sérénité: rester calme et «*partir en voyage*» quand des gens trop instruits «*discutent*».

L'humour: ne prendre de soi que ses devoirs au sérieux, en s'attendant toujours au pire.

L'authenticité: montrer constamment ses faiblesses pour souligner les qualités «*écrasantes*» des autres.

La sagesse: savoir que rien n'est sûr et que tout sera habituellement fait de travers.

La lucidité: connaître si bien ses limites que celles des collègues paraîtront parfois inestimables.

La clairvoyance: prévoir l'avenir de tout le monde en continuant de vivre au jour le jour.

L'intégrité: faire passer le respect du prochain tout de suite après la satisfaction de soi.

ET LES 3 GRÂCES DU CŒUR OUVERT

La tendresse: s'inquiéter de sa force de caractère en cultivant ses élans libidineux.

La spontanéité: prêcher le faux pour savoir le vrai, en camouflant aussi bien sa gêne que sa surprise.

Le plaisir: s'apitoyer sur son sort en gagnant la loterie olympique.

La réaction de stress est largement déterminée encore par les expériences passées. Certains apprentissages prédisposent au stress : se fâcher au moindre prétexte comme son père le faisait ou développer une forte pression sanguine chaque fois qu'on retient sa colère comme sa mère le faisait.

L'échec dans une tâche augmente le stress de la performance subséquente dans l'accomplissement de cette tâche. Enfin, la connaissance d'une tâche ou d'une situation en diminue le caractère stressant.

Les réactions d'une personne à l'agent stressant dépendent de son milieu interne : condition physique, caractéristiques psychologiques et sociales et histoire antérieure. Elles dépendent de plus, de son milieu externe, au sens le plus large du terme. Avant de prédire quelles conditions sont stressantes pour un individu, il faut donc connaître non seulement son milieu interne mais également son milieu externe : climat, habitat, situation économique, milieu social et relations intimes. Ainsi, un deuil sera vécu très différemment selon la présence ou l'absence d'amis, la situation économique ou la signification culturelle de cet événement. Il en est de même d'un échec scolaire : l'étudiant éprouvé subira un stress plus ou moins grand selon ses expériences passées, ses attitudes, sa condition économique, le support social dont il peut bénéficier ou les attentes de son environnement social.

Lorsqu'un stresseur agit sur une personne, l'impact est donc fonction de nombreuses variables physiques, psychologiques et sociales. Bien qu'il soit utopique de contrôler certains facteurs, d'autres se prêtent fort bien à une démarche d'autogestion. Nous verrons plus loin diverses stratégies en ce sens. Pour l'instant, nous suggérons deux exercices pour que vous puissiez évaluer votre condition physique et votre type de personnalité et ainsi mieux définir votre seuil de résistance au stress.

Exercice 3

Répondez au questionnaire suivant et voyez si vous êtes dans une condition physique adéquate pour faire face au stress. Encerclez le score qui correspond à votre réponse.

QUESTIONNAIRE D'ÉVALUATION DE L'ÉTAT PHYSIQUE	Score
1. Avez-vous pris des médicaments récemment ?	
— non	1
— oui	0
2. Avez-vous été malade au cours du dernier mois ? (ne serait-ce que d'un rhume)	
— non	1
— oui	0
3. Avez-vous eu des accidents (même mineurs, comme une coupure), durant le dernier mois ?	
— non	1
— oui	0
4. Mon sommeil habituel est	
— bien régulier et reposant.............	2
— dérangé occasionnellement	1
— très pauvre et très irrégulier	0
5. Jusqu'à quel point vous sentiez-vous fatigué hier soir ?	
— agréablement........................	2
— un peu trop	1
— crevé...............................	0

	Score

6. Si vous pratiquez du yoga ou si vous prenez du temps chaque soir pour un hobby ou une autre forme de relaxation, scorez un point **1**

7. Identifiez dans la charte de la page 145 votre poids idéal. Si vous ne dépassez pas de 6 kg votre poids idéal, scorez deux points **2**

   Si votre excès de poids se situe entre 6 et 12 kg, scorez un point **1**

8. Consommez-vous beaucoup de sucré (desserts, boissons gazeuses, sucre dans le thé ou dans le café) ?
   — non **2**
   — oui **0**

9. Vos habitudes alimentaires sont-elles régulières et bien équilibrées ?
   — oui **2**
   — non **0**

10. Si vous ne prenez pas en moyenne plus de 2 verres de bière ou un verre d'alcool par jour, scorez un point **1**

11. Combien d'exercices physiques intenses faites-vous en moyenne chaque semaine ?
    — 1 heure ou plus **2**
    — ½ heure **1**
    — rien **0**

12. Si vous pratiquez un sport, scorez un point **1**

13. Si vous n'êtes pas assis régulièrement à votre travail, scorez un point **1**

14. Si vous avez fait l'amour durant la semaine, scorez un point **1**

	Score

15. Combien de cigarettes fumez-vous en moyenne chaque jour ?

— 0......................................	2
— 10 et moins	1
— 11 et plus	0

16. Si vous n'avez pas fumé la cigarette depuis cinq ans ou plus, scorez un point. Si vous ne fumez pas la pipe, scorez un point. Si vous ne fumez pas le cigare, scorez un point ....

1
1
1

Calculez votre total et multipliez-le par quatre pour obtenir votre score .... ─────

_____ **Score de 0 à 25 :** des changements majeurs sont de mise !

_____ **Score de 26 à 50 :** vous pouvez faire mieux !

_____ **Score de 51 à 75 :** vous pouvez être assez satisfait de votre style de vie !

_____ **Score de 76 à 100 :** tout va bien !

Exercice 4

Friedman et Rosenman ont élaboré un bref questionnaire pour mesurer le type de personnalité susceptible de précipiter des réactions de détresse. Sur une échelle de 10 points, 0 étant le point minimal, caractérisez vos réactions selon les questions suivantes. Faites le test seul et demandez ensuite à un ami de confirmer votre évaluation.

QUESTIONNAIRE D'ÉVALUATION DU TYPE
DE PERSONNALITÉ

Questions	Points (0 à 10)
1. Êtes-vous compétitif?	_____
2. Avez-vous une personnalité énergique?	_____
3. Faites-vous des efforts pour obtenir une promotion au travail ou un succès dans les sports que vous pratiquez?	_____
4. Aimez-vous faire les choses rapidement?	_____
5. Est-ce que vous désirez vivement la reconnaissance publique?	_____
6. Est-ce que les choses et les gens vous mettent facilement en colère?	_____
7. Êtes-vous souvent en lutte contre la montre? Êtes-vous conscient du temps, des calendriers de travail?	_____
8. Désirez-vous beaucoup avancer socialement?	_____
9. Avez-vous plusieurs activités différentes?	_____
10. Devenez-vous impatient lorsque vous êtes retardé ou retenu?	_____
TOTAL	_____

Si votre résultat est de 50 et plus, vous avez probablement une personnalité de type A et vos risques d'avoir une attaque cardiaque sont approximativement trois fois plus élevés que les personnes de types B, dont le pointage est moins de 50.

Maintenant que vous savez comment définir un problème, vous êtes prêt à spécifier quels sont vos problèmes de stress. À l'aide des résultats des exercices 1, 2, 3 et 4, analysez la situation actuelle:

- Quels sont les principaux stresseurs dans votre vie actuellement?
- De quel type de stress souffrez-vous davantage?
- Êtes-vous dans une condition physique qui permet d'augmenter votre résistance aux stresseurs?
- Avez-vous une personnalité de type A?

Ajoutez à ces résultats toute autre information pertinente que vous avez recueillie à la lecture des pages précédentes.

Maintenant, interrogez-vous sur la situation idéale: décrivez vos comportements, votre condition physique et psychologique et votre environnement. L'écart entre la situation actuelle et la situation idéale révèle les problèmes de stress dans votre vie. Ne terminez pas cette première étape du processus de solution de problème avant de les avoir clairement spécifiés! C'est fait? Passez à la deuxième phase du processus de solution de problème: l'inventaire des solutions.

7. Les solutions : gérer les agents stressants externes

Au chapitre 6, vous avez défini les problèmes de stress dans votre vie. Vous voilà prêt à passer à la deuxième phase du processus de solution de problème : l'inventaire des solutions possibles. Pour réduire l'écart entre la situation que vous vivez et la situation idéale, ces solutions doivent agir, soit sur le nombre et l'intensité des stresseurs auxquels vous êtes exposé, soit sur votre résistance aux agents stressants. Le tableau 4 présente une vue d'ensemble des stratégies selon ces deux objectifs de gestion du stress : gérer les stresseurs externes et gérer les facteurs internes de résistance au stress.

Gérer les stresseurs externes, c'est organiser sa vie, dans la mesure du possible, pour y retrouver le nombre et la qualité des stresseurs susceptibles de produire un environnement idéal. Bien des stratégies sont possibles : gérer son temps, éviter de faire trop de changements en même temps, anticiper le stress, rechercher des activités significatives, se retirer de la situation stressante, changer l'agent stressant ou, en dernier ressort, vivre avec le stress.

TABLEAU 4

Principales stratégies de gestion du stress

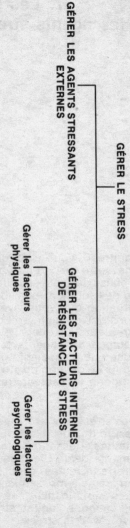

GÉRER LE STRESS

GÉRER LES AGENTS STRESSANTS EXTERNES

- gérer son temps;
- éviter de faire trop de changements simultanés;
- anticiper le stress;
- rechercher des activités significatives;
- se retirer de la situation stressante;
- changer l'agent stressant;
- vivre avec le stress.

GÉRER LES FACTEURS INTERNES DE RÉSISTANCE AU STRESS

Gérer les facteurs physiques

- faire de l'exercice;
- bien s'alimenter;
- se détendre.

Gérer les facteurs psychologiques

- contrôler ses idées irrationnelles;
- se donner le support social nécessaire.

GÉRER SON TEMPS

Certains individus sont constamment en situation de stress parce qu'ils sont débordés, n'arrivent pas à rencontrer leurs échéances, remettent sans cesse à plus tard des tâches urgentes ou utilisent la majeure partie de leur temps à faire autre chose que ce qu'ils souhaitent réellement faire. Au stress normal de la vie, viennent donc s'ajouter une foule de situations difficiles, une frustration et un sentiment d'impuissance croissants.

La gestion du temps peut être une solution pertinente à ces difficultés. Gérer son temps, c'est planifier le temps dont on dispose pour atteindre ses objectifs dans la vie. Bien que le projet paraisse ambitieux, il est réalisable à deux conditions : connaître ses objectifs prioritaires et posséder la technologie nécessaire à leur réalisation.

Il est possible d'apprendre à gérer son temps. Au cas où cette solution vous conviendrait, le chapitre 11 fournit toutes les informations nécessaires.

ÉVITER DE FAIRE TROP DE CHANGEMENTS MAJEURS EN MÊME TEMPS

Certains changements demandent une telle énergie d'adaptation qu'il est dangereux de les effectuer en même temps. L'échelle de Holmes-Rahe peut servir de point de repère. Par exemple, il est préférable de ne pas changer d'emploi au moment où on déménage puisque ces deux changements de vie provoquent un stress considérable. Si on prévoit des changements dans sa vie, il faut donc penser à les réaliser à des moments différents pour ne pas atteindre un degré de stress qui prédispose à la maladie.

Il n'est pas toujours facile de planifier tous les changements de vie. Certains événements arrivent parfois malgré nos prévisions. Il est alors bon de prévoir du temps, après coup, pour récupérer son énergie en prenant quelques jours de repos réparateur ou des vacances.

ANTICIPER LE STRESS

L'anticipation d'un événement stressant en diminue l'impact. Dans leurs recherches, Glass et Singer ont montré, par exemple, que la capacité des sujets de prédire le début et la fin d'un bruit strident diminue considérablement le stress ressenti. En étudiant l'effet des communications préparatoires sur des patients hospitalisés pour une intervention chirurgicale, Janis établit également l'importance du processus d'anticipation. Elle trouve que les patients trop optimistes s'adaptent plus difficilement à leur état après l'opération que ceux qui ressentaient une certaine peur avant l'opération et qui, conséquemment, s'informent auprès des infirmières et des médecins pour se rassurer. Le premier groupe vit davantage de vulnérabilité, d'impuissance, de déception et de rage que le second. L'absence de peur anticipée face à un événement potentiellement stressant semble inhiber un processus de préparation ou d'apprentissage utile à l'adaptation. Si vous prévoyez aller à l'hôpital ou tout simplement changer d'habitudes alimentaires, renseignez-vous donc au préalable sur les conséquences ou les effets de ces événements.

Pour peu qu'on sache les reconnaître et les utiliser, les peurs anticipées sont aussi des atouts pour prévenir le danger. La plupart du temps, nous avons tendance à nier ou à minimiser les craintes que nous ressentons face à certains événements stressants. Nous nous jugeons sévèrement de ressentir de la peur comme s'il y avait là une quelconque preuve d'immaturité. La peur est une émotion normale. En tant qu'indice de danger, elle permet d'anticiper l'impact des stresseurs et de diminuer ainsi le stress potentiel d'événements futurs.

RECHERCHER DES ACTIVITÉS SIGNIFICATIVES

La monotonie, nous l'avons déjà mentionné, peut produire un stress tout aussi grand que la stimulation

excessive. La recherche et le maintien d'activités significatives deviennent donc importants pour garder un
niveau optimal d'énergie, éviter le stress de l'ennui et
apporter une vitalité constante grâce à la réalisation de
ses intérêts. Selye ne dit-il pas que « *pour réaliser la paix
de l'âme et l'accomplissement de l'être, la plupart des
hommes ont besoin de travailler à une cause qu'ils
jugent utile ?* »

Une activité est significative lorsqu'elle concrétise
un objectif, un intérêt ou une préférence. Que ce soit au
travail, dans les loisirs, la vie sociale et intime, il faut
choisir des activités qui procurent du plaisir, le sentiment de s'exprimer et de se réaliser, l'impression de
réussir sa vie quel que soit le sens que l'on donne à ce
terme.

Le chapitre 11 sur la gestion du temps pourra vous
aider à identifier et à mettre en œuvre vos priorités.

SE RETIRER DE LA SITUATION
STRESSANTE

Se retirer d'une situation stressante peut être une
excellente stratégie lorsque le stress ressenti dépasse le
niveau optimal. Plusieurs types de retraits sont possibles et le choix dépend de la situation. On peut se
retirer temporairement en faisant une pause-détente ou
en s'évadant un court instant en imagination. Quelques
minutes suffisent parfois pour restaurer l'énergie physique et mentale. Des vacances sont quelquefois nécessaires pour atteindre cet objectif. Enfin, dans certaines
situations, le retrait définitif, comme rompre une relation, changer d'emploi ou abandonner une activité, est
le seul remède approprié à un stress intolérable.

Le retrait est une stratégie qu'il faut utiliser avec
prudence au risque de fuir les situations qui requièrent
présence et concentration. Il est quelquefois plus avantageux de choisir d'autres solutions, surtout s'il s'agit
d'un retrait définitif.

Vous utiliserez avec profit les pauses-détentes
décrites au chapitre 14. Elles constituent d'excellents
outils pour se retirer de façon temporaire des situations
stressantes.

CHANGER L'AGENT STRESSANT

Certains stress sont causés par un agent bien défini : par exemple, un climatiseur, la circulation ou la fumée. Combien de stress inutiles nous supportons alors que nous pourrions nous débarrasser de l'agent stressant. Il est assez aisé d'acheter, de réparer ou de faire réparer un climatiseur, de fermer la radio, d'ouvrir une fenêtre pour « expirer » la fumée d'une pièce. Il suffit souvent de **penser** à nos possibilités d'action pour agir, surtout si les étapes du projet suivent notre rythme.

Dans certains cas, cependant, changer l'agent stressant frise l'utopie : comme arrêter la circulation ou changer le système pédagogique à l'Université ! Certains diront que seule l'action politique et sociale peut, à long terme, modifier les conditions de vie de l'ensemble d'une société et, comme Toffler, ils préconiseront des changements sociaux pour réduire le stress de la vie moderne.

VIVRE AVEC LE STRESS

Vivre avec le stress se présente comme une solution adaptative lorsqu'il est difficile ou impossible d'effectuer un changement en ayant recours à d'autres solutions ou lorsqu'un gain ultérieur motive le stress actuel. Ainsi une mère de famille supportera de longues heures de veille pour soigner un enfant malade ou un étudiant acceptera le stress d'une session d'examens pour obtenir son diplôme.

Cependant, cette solution comporte plusieurs risques : on peut facilement « **vivre avec le stress par habitude** », en raison d'une attitude défaitiste ou d'un comportement « **de victime** ». Dans ce cas, cette solution amène une augmentation du stress. S'interroger sur l'à-propos de ce choix est donc toujours profitable.

Comme vous le constatez, un large éventail de comportements est possible pour gérer les agents stressants externes. Dès que vous réalisez que le nombre ou l'intensité des stresseurs auxquels vous êtes exposé dépasse ou dépassera le seuil acceptable, vous pouvez recourir à l'un ou l'autre de ces comportements.

8. Les solutions: gérer les facteurs internes de résistance au stress

La gestion du stress consiste non seulement à gérer les agents stressants externes mais aussi à gérer les facteurs internes de résistance au stress. La gestion des facteurs internes de résistance au stress permet d'augmenter le seuil de sensibilité de l'organisme aux stresseurs ou à améliorer sa capacité d'adaptation au stress. Selye croit que l'énergie d'adaptation est limitée et qu'elle s'épuise pour provoquer la sénilité et la mort. Bien que cette théorie n'ait pas été confirmée, nous savons tous qu'être en bonne condition physique et psychologique aide à surmonter les difficultés quotidiennes et les crises inévitables de la vie. La santé du corps et de l'esprit agit à la manière d'un filtre pour réduire ou annuler l'impact des agents stressants. Comme l'énergie physique ou psychique est précieuse, pourquoi la gaspiller inutilement ? Et pourquoi ne pas tenter de l'économiser pour une vie plus satisfaisante ?

La gestion des facteurs internes de résistance aux stresseurs consiste à adopter des habitudes de vie qui minimisent l'effort physique ou psychique tout en maximisant la performance. Faire de l'exercice, bien s'alimenter, se détendre, contrôler les idées irrationnelles, se donner le support social nécessaire et faire alterner tension et détente sont autant de stratégies utiles pour atteindre cet objectif.

FAIRE DE L'EXERCICE

On a depuis longtemps reconnu le lien qui existe entre le bien-être corporel et le bien-être global de la personne. Faire de l'exercice est un déterminant majeur dans le maintien d'une bonne condition physique parce que l'exercice agit directement sur la force musculaire, la souplesse des articulations, l'efficacité du cœur, la circulation du sang dans les poumons et tout le système vasculaire. L'exercice permet de digérer mieux, de paraître mieux, de se sentir mieux. Contrairement à une machine, plus on utilise le corps, plus il est en forme. Il ne s'agit pas ici de devenir athlète, mais de se garder en forme pour être capable de répondre aux multiples demandes de la vie quotidienne et avoir suffisamment d'énergie en réserve pour faire face aux imprévus. Si nécessaire, vous vous référerez au chapitre 12 pour trouver de plus amples informations sur cette stratégie.

BIEN S'ALIMENTER

Une bonne alimentation fournit au corps, en quantités appropriées, les éléments essentiels à son fonctionnement et elle évite les produits dommageables à la santé. Plusieurs recherches montrent qu'actuellement, nous mangeons mal et nous surconsommons. Comment la machine humaine pourrait-elle résister aux agents stressants si elle manque de carburant ou si le carburant fourni ne lui convient pas? La surconsommation alimentaire et les produits dommageables à la santé sont des agents stressants pour l'organisme puisqu'ils en entravent le fonctionnement normal, et parfois, nuisent directement au bien-être des cellules vivantes.

Le chapitre 13 traite d'alimentation; il vous guidera dans le choix et la quantité des aliments dont vous avez besoin.

SE DÉTENDRE

Parce que l'activité incessante et les soucis quotidiens présentent de nombreuses occasions de tension, l'organisme a besoin de moments de répit pour refaire ses forces. Le sommeil d'une nuit ne suffit pas toujours à la tâche, surtout quand il est troublé par un niveau élevé de tension physique ou psychique. Les personnes qui souffrent de stress intense et qui ont particulièrement besoin de toutes leurs forces d'adaptation sont souvent celles dont le sommeil est le plus mauvais.

Pour se détendre, on a souvent recours aujourd'hui à des moyens rapides mais fort discutables. On allume une cigarette, on avale un tranquillisant, on fume de la marijuana ou on prend un verre d'alcool. Les statistiques actuelles sur la consommation des drogues légales et illégales sont alarmantes, d'autant plus que dans plusieurs cas, on connaît les effets nocifs des diverses drogues sur l'organisme. Ainsi, alors que 50% des Québécois fument régulièrement la cigarette, on sait que l'usage abusif du tabac augmente de 700 fois les risques du cancer du poumon, quadruple les risques du cancer des cordes vocales en plus de faire croître démesurément la probabilité des maladies du poumon, du foie, de la circulation sanguine, du cœur et du système nerveux.

Parce qu'elles apportent une sensation physique agréable et qu'elles aident à réduire l'anxiété ou la tension, les drogues constituent une solution immédiate pour combattre un stress excessif, mais les spécialistes notent les multiples problèmes qu'elles suscitent. Selon le cas, les drogues entraînent des effets secondaires nocifs, une dépendance physique ou psychologique ou bien des maladies. Les spécialistes remettent même en question l'usage de drogues légales comme les analgésiques, les somnifères et les tranquillisants. Saviez-vous qu'aux États-Unis, on vend suffisamment de comprimés d'aspirine pour traiter 17 000 millions de maux de tête par année, ce qui équivaut à un comprimé tous les quatre jours pour chaque homme, femme et enfant ?

Diverses méthodes de détente, plus naturelles et plus sécuritaires que les drogues, peuvent être utilisées pour atténuer les effets psychologiques de la tension, ralentir conséquemment la sécrétion d'adrénaline et faire en sorte que le système nerveux parasympathique puisse finalement s'acquitter de l'une de ses fonctions, relâcher la musculature et apaiser le corps. La méditation, la relaxation progressive de Jacobson, les préalables de Thérèse Bertherat et certaines pauses-détentes sont autant de techniques particulières à cette fin. Nous les présentons au chapitre 14. L'état de détente et de calme que vous atteindrez en adoptant l'une ou l'autre technique est un remarquable antidote contre le stress.

CONTRÔLER LES IDÉES IRRATIONNELLES

Plusieurs idées irrationnelles sont une source constante de perte d'énergie et de stress. Les idées irrationnelles sont souvent la cause d'émotions désagréables intenses, comme la honte, le remords, la culpabilité, la colère ou la mélancolie. Et que de temps perdu à ruminer des utopies !

Les idées irrationnelles sont aussi nombreuses que diverses. Elles portent sur soi, les autres ou la vie. Ainsi on pense qu'on devrait réussir toujours et dans tous les domaines ou que la vie devrait toujours être facile. Subir un échec est « **terrible** » et une grève dans les transports en commun est une catastrophe. Vivre en Amérique du Nord avec de telles idées est de mauvais augure !

Les idées irrationnelles sont l'expression de normes introjectées ou de pseudo-vérités sur soi, les autres ou la vie. Prenons, par exemple, l'idée de perfection. Nous vivons dans une société conformiste où l'on nous apprend à nous réaliser ou à réaliser un projet selon un certain modèle. La conformité est utile dans l'apprentissage, mais elle devient un handicap pour ceux qui en oublient leur style personnel. Que de personnes en viennent à se sentir inadéquates alors qu'il leur faudrait plutôt remettre en question le fait qu'il y a une façon parfaite de faire les choses. Être parfait, c'est être aussi bon qu'on le peut dans le temps qu'on est prêt à consacrer à telle ou telle activité et non pas ressembler à un modèle.

Pour éliminer les idées irrationnelles, nous suggérons d'adopter la stratégie rationnelle émotive que nous décrivons au chapitre 15. Bien qu'elle exige une certaine discipline, cette technique est fort simple à comprendre et à utiliser et elle permet d'enrayer les troubles émotifs « **évitables** ».

SE DONNER LE SUPPORT SOCIAL NÉCESSAIRE

Un des problèmes les plus fréquemment identifiés dans les écrits sur le stress et sur la société contemporaine est celui de l'isolement social. Ainsi une étude faite auprès de 7 000 Californiens sur une période de 9 ans a démontré qu'indépendamment de l'état de santé ou du revenu, les risques de mortalité sont plus élevés chez les hommes et les femmes isolés socialement que chez ceux qui ont des relations sociales et intimes continues. Dans cette recherche, le support social provenait principalement du conjoint, de la famille, des amis ou d'organisations diverses. Même si les effets de l'isolement social varient d'une personne à une autre, l'absence de relations humaines significatives amène une quantité considérable d'effets plus ou moins néfastes : dépression, anxiété, maladies, et même, nous venons de le voir, mort prématurée.

Plusieurs hypothèses ont été émises pour expliquer la relation entre l'isolement social et le stress. On sait que les relations interpersonnelles satisfont certains besoins fondamentaux de l'être humain. En effet, par ses contacts sociaux ou intimes, la personne nourrit ses besoins d'affection, d'acceptation, d'inclusion sociale, de sensualité, de reconnaissance publique, etc. Les relations interpersonnelles sont aussi une source importante de feed-back et de support. Elles permettent de partager ses responsabilités, de résoudre ses problèmes ou d'éviter les erreurs inutiles ; elles donnent la stimulation nécessaire à la réalisation de certains objectifs personnels. Les relations interpersonnelles aident à se sentir solidaire des autres, d'où réconfort, encouragement et détente.

L'isolement social est en soi une source de stress et il augmente également la vulnérabilité de l'organisme aux agents stressants. Les personnes isolées socialement souffrent de carence affective. L'état de souffrance ou de tension qui en résulte porte facilement à adopter des stratégies nocives pour diminuer le stress, comme l'alcoolisme, les médicaments ou la suralimentation.

On comprendra facilement qu'il ne peut exister de normes dans le domaine des relations interpersonnelles. Certaines personnes aiment la solitude et en retirent une foule d'avantages. D'autres ont besoin de relations intimes et d'un réseau de connaissances sociales, d'autres encore ont très peu d'amis intimes et sont satisfaits de cette situation. Aussi est-ce à chacun de s'assurer qu'il dispose du support social dont il a besoin.

FAIRE ALTERNER TENSION ET DÉTENTE

Toute performance requiert une tension physique ou psychique. Dans la course, par exemple, le tendon du jarret tire la partie inférieure de la jambe vers l'arrière alors que le quadriceps l'amène vers l'avant. Dans une première phase, les tendons du jarret, relâchés au point de départ, se contractent pour créer le mouvement désiré, puis les quadriceps prennent la relève pour tendre les muscles du genou et amener les pieds vers l'avant. Les performances intellectuelles requièrent également une tension. Celle-ci se manifeste par une certaine fébrilité ou anxiété. Dans la mesure où elle est sous contrôle, l'anxiété de performance est non seulement inévitable mais désirable. Les émotions sont une source d'énergie. Elles activent le centre d'éveil du corps et augmentent le taux d'adrénaline. Elles influencent ainsi positivement la force physique disponible. En outre, la motivation à se dépasser accroît l'endurance à la tâche.

Bien que toute performance requière une tension, nous sommes souvent trop tendus et nous oublions de respecter la loi fondamentale de l'effort, à savoir une alternance entre la tension et la détente. Une tension trop grande devient rapidement une force de résistance qui ralentit le mouvement ou la performance. Dans la course, par exemple, le tendon du jarret est encore partiellement contracté au moment où le quadriceps commence à se tendre pour ramener la jambe vers l'avant. La contraction du jarret exige une dépense supplémentaire d'énergie pour que le muscle antagoniste du quadriceps puisse effectuer sa tâche. Pour maximiser l'énergie disponible, il faut donc tendre le muscle utilisé et relâcher de façon optimale son antagoniste. En outre, un muscle relâché est plus allongé qu'un muscle tendu; cette élongation permet une contraction ultérieure plus forte et accélère le mouvement sans effort supplémentaire. De façon similaire, tension et détente doivent alterner au plan intellectuel pour éviter une perte d'énergie ou un épuisement rapide. Se forcer à étudier des heures d'affilée ne provoque que fatigue et distractions. De même, une tension trop élevée au moment d'un examen ou à l'occasion d'une entrevue de recherche d'emploi diminue considérablement la performance.

Le secret de la performance optimale réside donc dans un équilibre entre tension et détente. On pourrait concevoir toute activité physique ou psychique à la mode orientale comme un jeu de forces antagonistes et chercher à équilibrer constamment le yin et le yang, la pensée et l'action, l'effort et le repos, la concentration et la détente. Ultimement, ce qui est important, c'est moins la force qu'on déploie à la réalisation d'un objectif que l'habileté à relâcher la force antagoniste au bon moment.

Afin d'économiser ses énergies physiques et psychiques, il faut apprendre à n'utiliser que la force appropriée à la réalisation d'une tâche. Un niveau élevé d'activation peut être nécessaire pour certaines activités, comme jouer au tennis ou faire l'amour, mais un tel niveau est superflu pour d'autres activités comme lire ou jouer du piano.

La formation réticulaire, siège du centre d'éveil de l'organisme, peut être influencée de façon volontaire. Par exemple, se parler à soi-même avant une tâche ou faire des sons pendant l'acte sexuel peuvent augmenter le niveau d'activation alors que pratiquer la stratégie rationnelle émotive ou relaxer diminuent ce niveau. On peut donc avantageusement ajuster son niveau d'activation selon l'activité en cours ou tout simplement retarder l'exécution d'une tâche jusqu'à ce que le niveau d'activation soit approprié. En effet, pour éviter un stress inutile, il est préférable de retarder l'exécution d'une tâche plutôt que de l'accomplir en étant trop « *activé* » ou si peu « *activé* » qu'il n'y a aucune motivation à réussir.

Faire alterner tension et détente peut paraître un jeu d'enfant puisqu'il y a de nombreuses façons d'y parvenir (le sommeil quotidien, les vacances ou les pauses-détentes), mais le rythme de la vie moderne est si frénétique qu'il faut souvent un changement d'attitude pour y parvenir. Les écologistes disent que nous dépensons aujourd'hui l'énergie comme si les réservoirs en étaient inépuisables. Plusieurs agissent de cette façon avec leur santé. Apprenez donc dès maintenant à porter attention à votre niveau de tension, à n'utiliser que la tension requise à l'exécution d'une tâche et à alterner la tension et la détente.

L'inventaire des solutions proposées dans cette section et dans la précédente vous permet de réaliser la variété des stratégies possibles pour résoudre les problèmes de stress. Vous pouvez gérer les agents stressants externes de façon à optimiser leur nombre et leur intensité et vous pouvez augmenter votre seuil de résistance au stress en adoptant un style de vie qui maintient une bonne condition physique et psychologique. Comment faire un choix parmi toutes ces solutions ? Suivez le guide...

9. Le choix d'une solution

Nous venons de passer en revue plusieurs solutions au problème du stress. Vous ne pouvez évidemment appliquer toutes ces stratégies ; d'une part, parce qu'elles ne sont pas également pertinentes dans votre cas ; d'autre part, parce que l'effort exigé serait tellement grand que vous abandonneriez rapidement les changements entrepris pour revenir à votre style habituel de vie. Le but de la présente section consacrée à la troisième étape du processus de solution de problème est de vous aider à choisir parmi les solutions présentées celle qui est la plus appropriée aux problèmes que vous avez identifiés auparavant.

Faire un choix, c'est procéder à une évaluation de solutions selon des critères pertinents et à la suite de cette analyse, adopter la solution qui a reçu la cote la plus élevée dans l'ensemble des critères utilisés. Il est bien évident qu'une analyse rigoureuse suppose une attitude objective. Il faut donc éviter les préjugés favorables ou défavorables par rapport aux solutions analysées et tenter plutôt de voir tous les liens entre le problème, la solution et le contexte de son application.

Voyons maintenant les critères pertinents d'analyse dans le domaine du stress. Le plus important est sans nul doute l'adéquation entre la solution envisagée et le problème à résoudre. La solution doit viser le niveau de stress le plus favorable tout en respectant au point de départ votre zone personnelle de confort. Qu'entendons-nous par ces termes? Nous avons vu qu'un niveau favorable de stress est source d'efficacité, de motivation, d'intérêt et de compétence et que, pour atteindre cet objectif, il faut réaliser un équilibre personnel entre certains facteurs de vie pondérés selon leur intensité, comme l'intérêt à soi et aux autres, le travail et les loisirs, la pensée et l'action, le risque et la sécurité, le changement et la stabilité, la stimulation et la tranquillité, ses propres besoins et les exigences de l'environnement.

Quant à la « **zone personnelle de confort** », Schafer la définit comme le taux et la variation de stimulation dont une personne a besoin pour se sentir confortable et en santé. Chaque personne a sa zone personnelle de confort. L'une se sentira bien lorsque les stimulations sont nombreuses et intenses, une autre appréciera davantage un environnement peu ou modérément stimulant et une troisième se sentira aussi confortable dans un rythme lent que dans un rythme rapide.

Bien qu'on s'attende à ce que « **niveau favorable de stress** », et « **zone personnelle de confort** » coïncident pour une même personne, tel n'est pas toujours le cas. L'homme d'affaires qui aime travailler sous une pression continuelle est souvent dans un état excessif de stress et il y a de fortes probabilités qu'il subisse un accident cardiaque. Par contre, certaines ménagères se sentiraient inconfortables en retournant sur le marché du travail alors qu'elles souffrent d'un stress d'ennui en demeurant au foyer: leur zone personnelle de confort se situe en deçà du niveau le plus favorable de stress.

Fort heureusement, la zone personnelle de confort n'est pas fixée une fois pour toutes. Le niveau d'énergie et le tempérament sont déterminants, mais l'éducation et l'environnement sont des facteurs tout aussi importants. Il n'est que de comparer le rythme de vie en Occident et en Orient pour constater l'influence de la culture sur un style de vie. Vous pouvez donc modifier votre zone personnelle de confort pour qu'elle soit non seulement confortable mais également saine. Le niveau favorable de stress varie d'une personne à l'autre. Soyez vigilant pour déterminer vos besoins.

Les conséquences possibles de la solution constituent un deuxième critère d'analyse. Les conséquences peuvent se situer à des plans divers : économique, familial, psychologique, physique, social. Ainsi, prendre des vacances peut d'abord paraître une solution avantageuse au stress causé par le travail mais, si vous courez le risque de perdre votre emploi en partant vers le Sud alors que votre patron compte sur vous pour terminer un budget, vous pondérez les avantages de cette solution par ses désavantages certains ! Plus vous développerez l'habileté à entrevoir les conséquences possibles d'une solution, plus vous augmenterez vos chances de prendre une décision éclairée et judicieuse.

Certaines solutions, telle la méditation, peuvent être efficaces à long terme mais amener peu de changements à court terme. D'autres, au contraire, comme déléguer une tâche, peuvent réduire immédiatement le stress ressenti. La nature du problème indique le choix pertinent. En général, il vaut mieux adopter des stratégies à court terme si le problème est urgent et des stratégies à long terme pour prévenir le stress futur.

Les implications concrètes d'une solution doivent également être analysées. Combien de temps, d'argent, de ressources humaines, etc., la solution requiert-elle ? Être capable d'entrevoir toutes les applications concrètes d'une solution facilite la prise de décision et, évidemment, l'application de la décision finale.

Mentionnons pour terminer deux autres critères d'analyse : la simplicité et l'intérêt. Il ne sert à rien, dans le domaine du stress, de choisir des solutions complexes ou des solutions qui ne répondent pas à vos intérêts et à vos aptitudes. Ces critères sont très subjectifs : tenez donc compte de ce que vous êtes pour identifier les solutions simples, faciles et intéressantes.

Utilisez le tableau suivant pour noter les points saillants de votre analyse des solutions. Faites d'abord une liste des solutions proposées et ajoutez-y les solutions que vous avez vous-même trouvées. Cotez chaque solution sur une échelle de cinq points. Utilisez la colonne « *autre* » pour inclure un critère important d'analyse que nous n'aurions pas mentionné. Notez sur une autre feuille les faits qui justifient votre cote de façon à ne rien oublier au moment de l'analyse finale. Vous pouvez additionner les cotes pour une solution ou bien pondérer à l'avance chaque cote en fonction des critères prioritaires d'analyse appropriés à votre cas. L'analyse permet de synthétiser les données de façon à faciliter la prise de décision : aussi ne la négligez pas !

99

TABLEAU 5

Grille d'analyse de solutions

Solutions	Adéquation entre la solution et le problème à résoudre	Conséquences	Caractère : solution à long terme ou à court terme	Implications concrètes	Simplicité	Intérêt	Autre
1.							
2.							
3.							
4.							
5.							
6.							
7.							
8.							
9.							
10.							

Critères

Maintenant que les avantages et les désavantages de chaque solution ont été analysés, le choix d'une solution ou d'un ensemble de solutions s'impose. Comparez les solutions entre elles, faites un bilan et prenez une décision.

Il se peut que vous ayez de la difficulté à hiérarchiser des solutions qui soient également valables. Mieux vaut prendre une décision que de tergiverser sans fin. Avec l'expérience, vous pourrez vérifier la pertinence de votre décision et vous pourrez faire alors les corrections nécessaires.

10. L'application de la solution

Que de personnes prennent des décisions et ne passent jamais au stade de l'exécution! Souvent, les trois premières étapes du processus de solution de problème ont été escamotées: il est compréhensible alors qu'une décision demeure lettre morte. Quelquefois cependant, c'est une mauvaise application de la décision qui est en cause.

Planifier l'application d'une décision est la meilleure assurance de son application. Planifier une action, c'est en prévoir le lieu, le moment, les échéances, les modes d'évaluation et les stratégies d'application. La planification d'un projet augmente la motivation à l'action et facilite la phase d'exécution.

Parmi les stratégies d'application d'une décision, nous voudrions mentionner plus particulièrement les stratégies de modification du comportement. Ces stratégies sont fort utiles pour effectuer un changement comportemental, soit pour acquérir un comportement souhaité, soit pour enrayer un comportement indésirable.

Quand on ne réussit pas à appliquer une décision personnelle, on se dit souvent, ou on se fait dire par les autres, qu'on manque de volonté. On a toujours cru que la volonté était un pouvoir mystérieux sur lequel on avait peu de prise. Certains possédaient ce pouvoir, d'autres, non. On sait aujourd'hui que certains comportements aident à avoir de la volonté et par conséquent, à exécuter une décision. Donnons un exemple. Imaginez que pour augmenter votre résistance aux stresseurs, vous avez décidé de suivre une diète. Vous entrez chez vous le soir et votre ami vient de préparer votre gâteau préféré. Il est en train d'en déguster une grosse portion et lorsque vous refusez de l'accompagner, il rétorque que les régimes sont inutiles et frustrants. Il vous sera beaucoup plus difficile d'avoir de la « **volonté** » dans ces circonstances que si votre ami a acheté de beaux fruits comme dessert, s'il a un comportement alimentaire modèle et s'il vous complimente sur votre nouvelle silhouette.

Dans cet exemple, vous remarquez que le comportement-cible (suivre une diète) sera plus facilement exécuté s'il est précédé par des stimuli appropriés (vue des fruits), s'il est aisément réalisable (présence d'un modèle) et s'il est suivi de stimuli renforçateurs.

On peut ainsi classer en trois grandes catégories les catégories de modification du comportement. On peut agir sur les stimuli renforçateurs, agir sur les comportements et agir sur les stimuli antécédents. Tentons d'expliquer tous ces termes techniques.

AGIR SUR LES STIMULI RENFORÇATEURS

Certains stimuli augmentent la probabilité de tel ou tel comportement. On les appelle des renforcements. Ainsi, la paye hebdomadaire renforce la motivation au travail et la pesée quotidienne d'une personne au régime renforce la volonté de perdre du poids. De même, penser à un voyage projeté est un fantasme qui renforce l'action d'économiser ou de compléter un travail difficile. Comme le montrent les exemples mentionnés, les

renforcements peuvent être fort variés. Ils peuvent satisfaire nos besoins primaires, (soif, faim, sexualité) ou nos
besoins secondaires (pouvoir, prestige, attention
d'autrui, etc.). Leur source peut être soi-même ou autrui.
Dans ce dernier cas, les renforcements sont plus aléa-
toires puisqu'on ne peut jamais contrôler les êtres
humains qui nous entourent.

Plusieurs stratégies de modification du comportement s'appuient sur les notions de renforcement. En
effet, étant donné l'effet de renforcement sur le comportement, on peut faciliter un changement soit en faisant
suivre le comportement désiré par un renforcement,
soit en pratiquant l'extinction d'un comportement indésirable par le retrait du renforcement usuel.

Renforcer ou récompenser un comportement
souhaité est une stratégie simple et efficace. Il suffit
d'identifier ce qui pour soi est un renforcement,
appliquer le renforcement le plus tôt possible après le
comportement souhaité et seulement si le comportement souhaité se produit.

Plusieurs questions peuvent être utiles pour trouver
des renforcements. Parcourez la liste des questions
suivantes pour trouver des renforcements que vous
pourrez utiliser en temps opportun. Tentez de répondre
en tenant compte de la source des renforcements, soit
vous-même, soit autrui. Il est préférable d'avoir des
renforcements facilement accessibles que d'attendre le
bon vouloir des autres.

TABLEAU 6

Questions utiles pour trouver des renforcements[1]

1. Quelles choses aimeriez-vous obtenir?
2. Quels sont vos intérêts majeurs?
3. Quels sont vos passe-temps?
4. Avec qui aimez-vous être?
5. Qu'aimez-vous faire avec ces gens-là?
6. Que faites-vous pour vous amuser?
7. Que faites-vous pour vous détendre?
8. Quand vous avez le goût de laisser tomber toutes les contraintes, que faites-vous?
9. Qu'est-ce qui vous fait vous sentir bien?
10. Qu'aimeriez-vous recevoir comme cadeau?
11. Quelles choses sont importantes pour vous?
12. Que feriez-vous avec un billet de 10$, 50$ et 100$ *«qui tomberait du ciel»*?
13. Que faites-vous avec votre argent de poche chaque semaine?
14. Quels comportements (même les plus anodins) exécutez-vous chaque jour?
15. Y a-t-il un comportement que vous adoptez à la place du comportement-cible?
16. Qu'est-ce que vous détesteriez perdre?
17. Quelle activité quotidienne abandonneriez-vous le moins facilement?
18. Quels sont vos fantasmes préférés?
19. Quelles scènes ou images vous donnent du plaisir?
20. Pouvez-vous visualiser votre état lorsque votre objectif sera atteint?

---

1. Questionnaire tiré de Watson, D.L. et Tharp, R.E. (1977).

Un renforcement augmente d'autant plus la probabilité d'un comportement qu'il suit de près ce comportement. Bien qu'on apprenne avec l'âge à agir pour une gratification future, les récompenses immédiates ont généralement plus de pouvoir sur les comportements que les récompenses à long terme. Ainsi, il est bien difficile de s'astreindre à une diète parce que l'acte de manger comporte une gratification immédiate plus renforçatrice que la perspective lointaine de la silhouette désirée. Il faut donc appliquer un renforcement le plus tôt possible après le comportement-cible. Une façon d'éliminer les délais souvent inévitables est de choisir des renforcements facilement accessibles ou de s'allouer des points pour le comportement souhaité et de les totaliser pour avoir droit à un renforcement plus lointain. Par exemple, vous vous accordez dix points pour chaque heure d'étude et 100 points vous donnent droit à une soirée libre.

Il est primordial d'appliquer un renforcement seulement si le comportement souhaité se produit. En effet, si vous appliquiez le renforcement sans avoir effectué le comportement souhaité, vous augmenteriez la probabilité de ne pas effectuer ce comportement. Par exemple, si vous voulez apprendre à vous concentrer et si vous décidez qu'après une heure de concentration, vous aurez droit au bain chaud dont vous raffolez, prendre ce bain chaud après avoir rêvassé une heure renforcera la probabilité de rêvasser la prochaine fois que vous étudierez. Soyez donc vigilant pour appliquer le renforcement si vous effectuez le comportement désiré et pour ne pas appliquer le renforcement si le comportement désiré n'a pas lieu.

Les comportements indésirables sont souvent maintenus, à notre insu, par des renforcements. Par exemple, immédiatement après avoir allumé une cigarette, vous pensez à la détente que le tabac vous procure. Cette seule pensée peut renforcer le comportement de fumer. Éliminer le renforcement usuel d'un comportement indésirable en diminue la probabilité. On peut aussi appliquer le renforcement usuel après le comportement désiré, soit penser qu'on se détend chaque fois qu'on résiste à une cigarette.

AGIR SUR LES COMPORTEMENTS

Certains objectifs requièrent de développer de nouveaux comportements ou de nouvelles compétences. Voici quelques stratégies utiles en ce sens. Le choix dépend de la situation et de l'objectif visé.

Lorsque le comportement-cible comporte plusieurs étapes, on peut le diviser en sous-objectifs et renforcer ces approximations successives du comportement-cible. On «*manque souvent de volonté*» parce que les objectifs visés sont complexes et difficiles à réaliser. La règle d'or dans une modification de comportement est de procéder par étapes simples, logiques ou présentant un niveau hiérarchique de difficulté. Ainsi si votre objectif est de vous faire des amis, vous vous renforcerez chaque fois que vous parlerez deux minutes à deux personnes dans un cours ou au bureau. Ce comportement acquis, vous renforcerez un deuxième comportement intermédiaire, comme parler dix minutes à ces mêmes personnes ou parler deux minutes à cinq personnes. Comme vous le constatez, la décomposition du comportement-cible en comportements intermédiaires varie selon vos objectifs et votre personnalité. Aussi, des erreurs peuvent facilement survenir dans l'analyse. Si vous ne réussissez pas à établir un comportement, c'est peut-être parce qu'il est trop difficile : trouvez donc comme première étape un comportement intermédiaire.

Une stratégie souvent efficace consiste à adopter un comportement incompatible avec le comportement indésirable et de le faire suivre d'un renforcement positif. Par exemple, pratiquer la relaxation au moment où l'on se tourmente et se récompenser en écoutant ensuite son disque préféré diminue la probabilité de se tourmenter. Il est bon de souligner ici que la relaxation peut toujours être utilisée avantageusement comme comportement incompatible avec des comportements d'évitement ou des comportements phobiques.

La pratique du comportement-cible en réalité ou en imagination, c'est-à-dire dans les deux cas hors-situation, augmente la probabilité que le comportement se produise plus tard dans la situation où il doit se produire. Par exemple, vous voulez dorénavant être capable de refuser une surcharge de travail pour éviter cette source importante de stress au bureau. Vous pouvez, lorsque vous êtes seuls, voir en imagination comment la chose est possible, ce que vous dites, ce que vous faites. En d'autres termes «*voyez*», en imagination, le film du comportement-cible dans ses moindres détails et lorsque c'est possible, jouez-le à haute voix. Sinon, imaginez la scène. Et faites suivre l'un et l'autre exercice d'un renforcement positif pour augmenter la probabilité du comportement. Pour éviter le danger évident de cette stratégie, passez à l'action dès que possible, sinon le transfert d'apprentissage de la situation irréelle à la situation réelle ne se produira jamais.

Apprendre par imitation s'avère une stratégie fort utile dans certains cas. Se donner un bon modèle et prendre le temps de l'observer facilite souvent l'apprentissage. Par exemple, suivez un cours de danse au lieu de pratiquer seul dans votre chambre un mouvement dont vous ne connaissez que les rudiments : vos progrès vous étonneront !

AGIR SUR LES STIMULI ANTÉCÉDENTS

On appelle stimulus antécédent tout événement ou changement dans l'environnement avant ou au moment de l'apparition d'un comportement et qui influence ce comportement. Ainsi la vue d'un gâteau peut provoquer l'envie de manger du gâteau.

Certains stimuli antécédents ont acquis avec le temps le pouvoir de déclencher un comportement. Prendre un café incite à fumer et s'asseoir à une table de travail aide à se concentrer. Ces stimuli sont appelés stimuli discriminatoires. Certains comportements sont déclenchés par un seul stimulus discriminatoire, d'autres, par plusieurs. Ainsi, les personnes qui mangent trop réagissent souvent à plusieurs signaux comme la vue de la nourriture, une tension intérieure ou l'ennui.

Agir sur les stimuli antécédents consiste à contrôler les événements antécédents d'un comportement. Dans une première étape, il faut identifier ces stimuli. On peut alors, selon le cas, les éviter, les modifier ou en réduire peu à peu le nombre. Par exemple, pour cesser de fumer, on peut éviter de prendre du café pendant un certain temps ou s'astreindre à ne fumer que dans une pièce de la maison. Une stratégie alternative consiste à mettre en place les stimuli qui provoqueront le comportement désiré. Ainsi, s'habiller au réveil peut devenir un stimulus favorisant le fait de se mettre au travail. Et n'oubliez pas qu'en appliquant un renforcement après l'un ou l'autre de ces comportements, vous en augmenterez encore la probabilité.

Arrêtez maintenant votre lecture et voyez si certaines stratégies de modification du comportement pourraient vous être utiles pour appliquer les solutions choisies en vue de résoudre votre problème de stress. Observez d'abord vos comportements, les stimuli antécédents et les stimuli conséquents et, selon vos objectifs, choisissez la stratégie la plus appropriée. Vous trouverez au tableau 7 une liste des différentes stratégies présentées.

Avant de passer à l'action, prévoyez toutes les autres modalités d'application de votre décision : horaire, lieu, instruments, calendrier, mode de contrôle ou d'évaluation. Vous êtes prêt ? Allez-y.

TABLEAU 7

**Différentes stratégies de modification
du comportement**

I. Agir sur les stimuli renforçateurs :
- prévoir des renforcements ;
- appliquer le renforcement, si vous adoptez le comportement désiré ;
- ne pas appliquer le renforcement, si le comportement désiré n'a pas lieu ;
- retirer le renforcement usuel d'un comportement indésirable et renforcer le comportement désiré.

II. Agir sur les comportements :
- renforcer les approximations successives du comportement-cible ;
- utiliser des comportements incompatibles avec le comportement indésirable (et renforcer ces comportements) ;
- pratiquer le comportement désiré, en réalité ou en imagination, (et renforcer cette pratique) ;
- apprendre par imitation.

III. Agir sur les stimuli antécédents :
- dans le cas d'un comportement indésirable, éviter ou modifier les stimuli antécédents du comportement ou réduire le nombre des stimuli antécédents du comportement ;
- dans le cas d'un comportement désiré, choisir et mettre en place des stimuli qui peuvent déclencher le comportement désiré.

III

CINQ STRATÉGIES
IMPORTANTES

11. La gestion du temps

Que de personnes ont le sentiment de ne pas faire ce qu'elles veulent dans la vie! Que de tensions causées par une mauvaise gestion du temps! Vous avez sans doute déjà connu le stress d'un horaire surchargé ou ressenti la frustration engendrée par le fait de répondre aux contraintes quotidiennes plutôt que de réaliser vos objectifs. Combien d'étudiants, par exemple, se retrouvent la veille d'un examen avec une pile de notes incohérentes à assimiler alors qu'au début des cours, ils étaient résolus à étudier régulièrement!

La gestion du temps est une technique qui permet de réaliser ses objectifs. Gérer son temps, c'est planifier ses journées en fonction de ses priorités de sorte que chaque jour confirme le sentiment de vivre sa vie comme on l'entend. Gérer son temps, c'est ainsi éviter une foule de situations stressantes, des états extrêmes de stimulation ou des états de sous-stimulation; c'est vivre à son rythme la vie qui nous apparaît significative.

On pense couramment que la gestion du temps exige une organisation excessive d'horaires, une occupation de tout moment et une course contre la montre. À moins que ces objectifs soient vôtres, il n'en est rien. Bien que cela paraisse contradictoire, gérer son temps permet de jouir de plus de liberté. Un horaire quotidien planifié selon vos objectifs vous permettra d'occuper le temps selon vos intérêts et vos désirs et vous donnera le sentiment d'avoir le temps de faire ce que vous voulez faire.

Bien des gens ont de la difficulté à gérer leur temps parce qu'ils identifient mal ou ignorent leurs priorités dans la vie. Les personnes qui gèrent adéquatement leur temps identifient ce qu'elles veulent être ou avoir. Elles peuvent à certaines périodes réévaluer la situation et faire des changements mais ces remises en question demeurent épisodiques. D'une façon générale, elles savent où elles «*s'en vont*».

D'autres personnes éprouvent de la difficulté à réaliser leurs objectifs parce qu'elles ne possèdent pas les comportements nécessaires à une bonne gestion du temps. La gestion du temps implique la maîtrise d'une certaine technique. Nous entendons par là un éventail de comportements et d'attitudes qui facilitent et favorisent la réalisation de ses propres objectifs. Nous nous attarderons particulièrement aux aspects suivants: évaluer l'emploi du temps, appliquer au temps les principes de gestion, réagir à la temporisation et mettre en place les conditions matérielles et psychologiques favorables.

Désirez-vous apprendre la gestion du temps?

La première étape consiste à identifier vos priorités dans la vie. Quels objectifs à court terme, à moyen terme et à long terme désirez-vous atteindre? Quels sont les projets qui vous tiennent à cœur? L'exercice suivant de Lakein peut vous aider à faire le point. Prenez trois feuilles de papier et procédez comme suit:

1. Sur la première feuille, écrivez aussi rapidement que possible toutes les réponses à la **question suivante: quels sont vos objectifs dans la vie?** Qu'aimeriez-vous réaliser aux plans personnel, familial, social, professionnel, financier? Vous avez deux minutes pour répondre. Terminez cette partie avant de passer à la deuxième étape.
2. Sur la deuxième feuille, et en deux minutes également, répondez maintenant à cette deuxième question: **quels sont vos objectifs pour les trois prochaines années?** À quoi aimeriez-vous occuper les trois prochaines années de votre vie? Terminez cette partie avant de passer à la troisième étape.

3. Sur la troisième feuille de papier, et toujours en deux minutes, répondez enfin à cette dernière question : **quels sont vos objectifs pour les six prochains mois ?** Si vous appreniez que vous allez mourir dans six mois, que feriez-vous d'ici là ?

4. Reprenez maintenant chaque feuille et ajoutez tous les détails nécessaires à la compréhension ou à l'amélioration de chaque point.

5. Vous avez maintenant trois listes d'objectifs. En les comparant, vous pouvez noter les ressemblances, les différences et les contradictions de façon à établir une seule liste de priorités. À cette fin, Lakein suggère le système de classement ABC : A, pour les objectifs de valeur élevée ; B, pour les objectifs de valeur moyenne et C, pour les objectifs de moindre importance. Reprenez les trois listes d'objectifs et classifiez chaque activité selon le système de priorité ABC. Rappelez-vous que vous êtes seul juge de l'importance d'une activité. Faites la classification au meilleur de votre connaissance et après expérimentation pour une période de temps limitée, revisez votre tir si vous n'êtes pas satisfait des résultats. Cette révision devrait d'ailleurs se faire périodiquement puisque les priorités varient avec le temps.

Si vous ne réussissez pas à compléter l'exercice de Lakein, il est probable que vos listes contiennent des objectifs qui ne sont pas réellement prioritaires à ce moment-ci de votre vie. Il peut s'agir d'objectifs introjetés ou d'objectifs révolus. Les objectifs introjetés sont des objectifs appris dans l'enfance, inculqués par les parents et la société à un âge où l'identité personnelle n'est pas encore établie. Il arrive souvent que ces objectifs ne soient pas remis en question à l'âge adulte. Continuer à se conformer aux normes et aux standards de ses éducateurs alors qu'on a le goût d'une vie différente amène nécessairement des problèmes dans la gestion du temps. Voici comment déceler les objectifs introjetés et leur substituer peu à peu des objectifs autodéterminés :

- à l'usage, vous constaterez que ces objectifs évalués comme prioritaires n'occupent pas une partie substantielle de votre temps ;
- vous reportez toujours à plus tard la réalisation de ces objectifs, avec un certain sentiment de culpabilité ;
- vous réalisez ces objectifs comme une « **tâche** », un « **devoir** », une « **obligation morale ou sociale** », sans avoir le sentiment d'une décision personnelle.

Même s'ils n'appartiennent pas à la classe des objectifs introjetés, certains objectifs ont tellement été prioritaires dans notre vie que nous ne réalisons pas quelquefois qu'ils sont révolus. Par exemple, il y a trois ans, vous accordiez 80% de votre temps à des études. Actuellement, vous continuez à le faire alors que vous auriez davantage besoin de relations intimes pour satisfaire vos objectifs, mais par habitude, vous étudiez toujours autant. Pour déceler les objectifs révolus, procédez comme suit :

- reprenez votre liste d'objectifs et demandez-vous si ces objectifs sont **prioraires actuellement** ;
- comparez attentivement les réponses à la question 3 de Lakein aux réponses données aux deux premières questions. Si les objectifs de la troisième liste diffèrent de ceux des deux premières listes, celles-ci comportent sans doute des objectifs révolus.

L'exercice de Lakein vous a permis de faire le point sur vos priorités à court terme et à long terme. Gérer adéquatement son temps consiste à réaliser ces objectifs. En principe, on utilise optimalement son temps en faisant des activités de type A et en remettant à plus tard les activités de type B et C ou en leur accordant une moins grande partie de son temps.

Dans une deuxième étape, procédez donc à une évaluation de votre emploi du temps. C'est une excellente façon de diagnostiquer les problèmes d'horaires et d'y apporter après coup les correctifs nécessaires.

1. Utilisez l'horaire hebdomadaire ci-joint et re-produisez-le en autant d'exemplaires que né-cessaire pour y inscrire **toutes** vos activités, du lever au coucher, pendant deux ou trois semaines. Prenez soin de choisir des journées ou des semaines typiques. Commencez cet exercice maintenant en ayant soin de remplir votre horaire au fur et à mesure pour éviter tout oubli. Notez les activités principales, mais également les pauses-café, les conversations téléphoniques, etc.

2. Compilez les heures consacrées à chacune des activités qui ont occupé votre semaine ; par exemple, 25 heures d'étude, 30 heures de cours, 6 heures de cinéma, etc. Restez aussi près que possible de la liste initiale d'acti-vités.

3. Marquez maintenant d'un A toutes les activités qui concrétisent vos objectifs de type A, d'un B ou d'un C, vos objectifs de type B ou C. Plu-sieurs activités appartiennent à la routine quo-tidienne : marquez-les d'un R.

4. Compilez le nombre d'heures consacrées à chacune des catégories A, B, C et R.

5. Évaluez maintenant si la répartition de votre temps correspond à vos objectifs. Si tel n'est pas le cas, il y a lieu de vous interroger sur le décalage entre vos priorités et l'utilisation de votre temps et de réajuster votre horaire en conséquence.

HORAIRE

Semaine du _____

au _____

19 _____

	LUNDI	MARDI	MERCREDI	JEUDI	VENDREDI	SAMEDI	DIMANCHE
07:00							
07:30							
08:00							
08:30							
09:00							
09:30							
10:00							
10:30							
11:00							
11:30							
12:00							
12:30							
13:00							
13:30							
14:00							
14:30							
15:00							
15:30							

16:00	16:30	17:00	17:30	18:00	18:30	19:00	19:30	20:00	20:30	21:00	21:30	22:00	22:30	23:00	23:30

Certains principes de gestion peuvent vous aider à instaurer les changements qui s'imposent. Vous désirez des modifications dans votre horaire mais, pour ce faire, il vous faudra sans doute agir ou réagir autrement. Voici des lignes directrices:

1. GÉRER PAR EXCEPTION.

Gérer par exception consiste à déléguer les tâches triviales ou routinières à des personnes-ressources et à ne s'occuper que des tâches importantes. Par exemple, un étudiant qui connaît très bien la recherche bibliographique préférera s'adresser à un ordinateur qui fera ce travail à sa place. Il pourra ainsi économiser son temps pour la lecture et l'organisation des informations recueillies. La mère de famille qui retourne aux études prévoira les tâches qu'elle peut confier à ses enfants et à son mari afin de réussir ses études sans trop de stress.

Pour mieux réaliser vos objectifs prioritaires, révisez donc vos activités quotidiennes de façon à identifier celles que vous pourriez déléguer à d'autres: nettoyeur, subalterne, partenaire, etc.

2. DÉCIDER QUOI NE PAS FAIRE

Une façon utile de s'assurer de répondre aux objectifs de type A est de gérer son temps en décidant d'éliminer certaines activités. En refusant de faire ce qui n'est pas important, le temps sera utilisé à la réalisation d'objectifs de type A. Cette stratégie vous apprendra peu à peu à vous concentrer sur les priorités.

3. DIRE « NON »

Il est difficile parfois de réaliser ses objectifs parce qu'on ne résiste pas aux pressions de l'environnement. Savoir dire « *non* » est une habileté indispensable pour ne pas disperser ses énergies. Notre éducation et les normes de politesse ont souvent associé le fait de dire «*non*» à un acte d'agression et de rejet. En agissant toujours ainsi cependant, on accumule des frustrations qui amènent des sentiments profonds de vide, d'incompétence ou de dépression. Si vous ne savez pas résister aux demandes de votre environnement, vous ne pourrez jamais gérer votre temps selon vos objectifs.

Commencez dès maintenant à refuser les projets qui ne vous conviennent pas. Dans les cas difficiles, pensez à des solutions intermédiaires qui optimisent les gains des deux parties en cause: compromis, discussion, établissement de priorités communes et échanges de vues.

Si, malgré les ajustements d'horaire et l'application de bons principes de gestion, vous constatez que vous reportez encore à plus tard les activités de type A, vous souffrez peut-être d'une tendance chronique ou épisodique à tout remettre au lendemain. Au lieu de vous accabler ou de vous résigner bon gré, mal gré à votre sort, sachez que la temporisation est associée à des tâches difficiles, complexes ou de caractère désagréable. En d'autres termes, quand on aime ce qu'on fait et qu'on sait comment le faire, on prend le temps de le faire. Observez votre comportement et vous constaterez que vous reportez à plus tard les tâches désagréables ou les tâches dont la complexité globale vous arrête au premier abord. Voyons quelques réactions utiles dans l'un et l'autre cas.

Si la tâche vous apparaît complexe au premier abord, quelques suggestions peuvent vous aider à démarrer. Une première possibilité, c'est la technique dite du «*fromage suisse*», c'est-à-dire faire des «*trous*» dans la tâche. Toute tâche complexe ou de longue haleine nécessite, pour sa réalisation, une série d'activités d'une durée minimale de 10 ou 20 minutes, lesquelles peuvent servir de points d'entrée à la réalisation de la tâche. Ainsi, au lieu de faire une activité de type C, alors que l'activité de type A est de décorer votre appartement, vous pouvez utiliser une période libre de 10 minutes à lire une revue de décoration. Vous risquez ainsi de devenir engagé dans la tâche à votre insu. Après avoir fait plusieurs «*trous*», vous constaterez que la complexité originale a beaucoup diminué et que la tâche est maintenant abordable. Avant d'entreprendre une tâche complexe, faites donc une liste de toutes les activités qui permettraient de faire des « *trous* » dans la tâche : en les ayant ainsi en tête, vous utiliserez davantage votre temps pour ces activités au lieu de vous adonner à des tâches de type C.

Une autre technique consiste à vous fixer une période de cinq minutes par jour où vous vous occuperez de votre projet. N'en dérogez pas ! Cinq minutes, pas davantage ! Cinq minutes, c'est si peu que vous pourrez suivre la règle sans trop d'effort. Et qui sait, peut-être trouverez-vous alors quelque motivation à poursuivre dix minutes de plus.

Certains objectifs demeurent difficiles à réaliser parce qu'ils ne sont pas bien planifiés. Si tel est le cas, prenez une feuille de papier et précisez les différentes activités inhérentes à la réalisation de votre projet. Soyez le plus détaillé et le plus concret possible, ce qui augmentera vos possibilités d'action. Rédigez même un contrat où vous spécifiez vos décisions : « *j'ai décidé de faire du conditionnement physique ; demain, j'irai acheter le cahier d'exercices à la librairie du coin ; etc.* ». Si vous avez l'impression que vous ne savez pas comment planifier une activité, imaginez qu'un ami vous demande conseil et allez-y de vos suggestions. Cette technique permet de découvrir ses propres ressources.

Le manque d'informations concernant une tâche empêche parfois de l'entreprendre. Ainsi, c'est seulement en lisant les recherches pertinentes à un sujet de thèse qu'on peut cerner davantage les éléments qui le composeront. Se renseigner par des lectures ou auprès de spécialistes et même d'amis permet de mieux connaître le « *quoi* » ou le « *comment* » d'une tâche et d'en faciliter ainsi l'exécution. Prenez garde cependant d'accumuler tellement d'informations que vous n'osez plus passer à l'action. Prenez toujours la précaution d'organiser, de classifier, de condenser l'information déjà recueillie avant d'en chercher davantage.

Certains stimuli peuvent devenir contraignants, c'est-à-dire vous pousser à entreprendre une tâche. Un livre ouvert sur une table de chevet, ou des souliers de jogging placés à un endroit stratégique peuvent revêtir cette caractéristique. Essayer donc de trouver les stimuli contraignants dans le projet que vous voulez réaliser. Vous pouvez aussi profiter de l'humeur du moment pour accomplir une tâche de type A. Par exemple, vous devez travailler à votre plan de thèse mais votre humeur vous incite à parler avec des amis. Trouvez un ami à qui vous pourrez parler de votre thèse ! Une autre façon de vous contraindre à l'action est de vous faire un petit discours d'encouragement ou de promettre à un ami que vous accomplirez telle activité à tel moment donné.

Une fois la tâche entreprise, ne vous étonnez pas si votre motivation diminue. Un changement de stimulation est souvent nécessaire pour nourrir la motivation. Vous pouvez vous reposer ou attaquer un autre point de votre ordre du jour. Par exemple, si vous êtes fatigué de lire, arrêtez-vous pour prendre un verre d'eau ou prenez des notes de lecture. Le changement vous incitera peut-être à poursuivre.

Face à une déclaration de revenus, un appel téléphonique d'affaires, un délai à demander, on repousse facilement la « *corvée* » jusqu'au moment où on est acculé au pied du mur. Que faire lorsqu'une tâche est constamment reportée parce qu'elle est déplaisante ? Une stratégie utile consiste à ralentir le processus de décision de façon à penser aux trois aspects suivants :

- L'aspect ou les aspects spécifiquement déplaisants de la tâche. Ce faisant, vous identifierez peut-être qu'un élément de la tâche vous fait peur. Vous pourrez alors soit vous raisonner, soit imaginer ce qui pourrait vous arriver de pire si vous preniez le risque de faire ce que vous projetez. Vous verriez alors le ridicule ou l'exagération que vos appréhensions impliquent et vous réagirez de façon plus réaliste.
- Les inconvénients du délai. Prenez le temps d'identifier tous les coûts (matériels, physiques et psychologiques) que vous subirez si vous n'accomplissez pas la tâche.
- Les avantages à réaliser la tâche. Centrez-vous sur tous les avantages associés à la réalisation de la tâche et goûtez le plaisir anticipé.

Peut-être ne réussirez-vous pas du premier coup à ralentir votre processus de décision et éviterez-vous encore une fois la tâche. Admettez alors que vous avez perdu votre temps, même si vous l'avez occupé à une tâche de type B ou C. Mieux encore, **ne faites rien** : restez assis et jouissez de ne pas faire ce qui vous effraie ou vous déplaît. Vous serez surpris des résultats à long terme !

Pour terminer, rappelons deux évidences trop souvent oubliées dans la gestion du temps. La première a trait à l'organisation matérielle, la seconde, aux conditions psychologiques de la réalisation d'un projet.

Les conditions matérielles d'exécution d'une tâche doivent être planifiées dès les premières phases de la mise en œuvre d'un projet. Que de gens perdent leur temps par manque d'organisation ! Par exemple, ils prévoient une soirée de travail et constatent après coup que le matériel nécessaire leur manque ! Quelques minutes ou quelques heures consacrées à l'organisation d'une tâche peuvent éviter ces pertes de temps inutiles et stressantes.

Les conditions psychologiques dans lesquelles vous réalisez une tâche sont tout aussi importantes que les conditions matérielles. Il est bien difficile de faire ce qu'on veut dans la vie quand on est déprimé, fatigué ou pour tout dire, quand on est en mauvaise santé physique ou mentale. S'il y a problème, n'hésitez pas à élaborer un processus de solution de problème et à corriger immédiatement la situation.

Vous disposez maintenant d'une méthodologie de gestion du temps, mais rappelez-vous que tout apprentissage se fait généralement par essais et erreurs, par étapes graduelles et progressives. Apprendre à gérer son temps n'échappe pas à la règle. Vous abandonnerez ce projet si vous pensez qu'on réussit du premier coup. Il est facile de s'étiqueter comme « **désorganisé** » mais beaucoup plus difficile de devenir bon gestionnaire de son temps.

12. L'exercice physique

Ce n'est qu'au début du siècle qu'on commença à entrevoir le rôle de l'exercice dans le maintien d'une bonne condition physique, d'où l'essor, en Amérique surtout, de nombreux programmes intensifs de conditionnement.

Malgré les efforts déployés, les spécialistes constatèrent rapidement que leurs avis demeuraient lettre morte. Les maladies cardiaques et les problèmes d'obésité ne cessant de se multiplier, il leur fallut, vers les années 50, poser le problème en d'autres termes et commencer ce qu'on peut appeler « *une chasse aux sorcières* ». En effet, les mythes entourant l'activité physique décourageaient le commun des mortels à entreprendre quelque programme d'entraînement que ce soit. Ces mythes existent encore aujourd'hui : ainsi, il faut « *avoir mal* », s'entraîner intensivement, transpirer abondamment, manger beaucoup de protéines et enfin, « *jogger* », puisque c'est l'exercice par excellence.

Depuis les années 50, des programmes plus simples ont été mis sur pied au Canada, dont le 5BX et le 10BX, pour déraciner ces préjugés et montrer qu'un bon entraînement respecte le rythme individuel de chacun, demande juste l'effort que le corps peut fournir et ne prend que quelques minutes par jour. Selon les spécialistes, il n'est même pas nécessaire d'entreprendre un programme pour être en forme physiquement. On n'a qu'à tirer profit des activités quotidiennes pour faire de l'exercice régulièrement. Nous verrons comment plus loin.

POURQUOI FAIRE DE L'EXERCICE?

L'activité physique est un facteur déterminant pour se maintenir en bonne condition physique, donc pour autogérer les conditions internes de résistance aux agents stressants.

En plus d'améliorer la condition physique, l'exercice facilite la concentration, aide à mieux dormir, permet d'exprimer l'agressivité qu'on ne peut manifester ailleurs, procure un sentiment de contrôle et de compétence personnelle et apporte une plus grande conscience de son corps. Glasser parle du sport comme d'une « drogue » positive. Il montre, qu'entre autres activités, le jogging réduit la tension musculaire et produit une force intérieure et une harmonie de l'esprit et du corps, deux éléments essentiels de résistance au stress.

L'exercice porte la capacité physique à un degré supérieur à l'énergie qui est nécessaire pour accomplir les tâches quotidiennes et accroît ainsi la proportion de travail accompli par rapport à l'énergie dépensée. En d'autres termes, on se fatigue moins vite et on dispose de plus d'énergie pour ses temps libres ou pour supporter le stress quotidien.

Jean-Marc Brunet, naturopathe réputé au Québec, écrit:

« L'alimentation saine, l'oxygénation au grand air, le repos complet et réparateur, l'ensoleillement, la propreté, la pensée positive sont essentiels pour vivre longtemps... Mais, un facteur encore plus déterminant, c'est l'activité physique sous toutes ses formes ».

Paavo Airola, diététiste reconnu aux États-Unis, est du même avis:

« La nutrition est le troisième plus important facteur de santé. L'exercice est le deuxième. De fait, il est préférable de consommer des "cochonneries" et de faire des exercices violents que de manger sainement et de ne faire aucun exercice ».

La vie moderne est une vie sédentaire. Le travail ne requiert plus ni force ni exercice physique. Ainsi, on estime que l'étudiant moyen demeure assis 15 000 heures entre la première année d'école et l'université. Pour le professionnel, le compte est de 60 000 heures entre les premières années de travail et la retraite.

On connaît bien les effets du manque d'exercice par rapport à la force musculaire, à la souplesse des articulations, à l'efficacité du cœur et à la circulation sanguine.

La force musculaire se constate aisément au fait de pouvoir porter un objet lourd ou de demeurer en forme après une activité intense. Des muscles plus volumineux facilitent non seulement la circulation du sang mais utilisent aussi plus de calories et ceci, même au repos. Par exemple, un homme de 60 ans doit courir six milles par jour pour brûler l'équivalent du nombre de calories qu'il dépensait plus jeune alors qu'il était sédentaire. Quand ils ne sont pas exercés régulièrement, les muscles s'atrophient et perdent leur force. Il existe même un muscle, le vastus internus, situé dans le genou, que le manque d'exercice peut faire disparaître en quelques jours.

Privés d'exercice, les tendons raccourcissent et causent la contracture des articulations, d'où la difficulté d'effectuer des mouvements simples, comme de se tourner ou de se pencher. Ces mouvements devenant difficiles, on s'adapte en trouvant toutes sortes d'astuces pour ne pas faire d'effort : on lève le pied pour nouer son lacet, on s'assoit au lieu de rester debout, etc. On se retrouve à la cinquantaine, ou même avant, le dos courbé, les épaules voûtées, les genoux pliés, etc., somme toute on a des articulations rigidifiées par le manque d'exercice. N'allez pas croire que seule l'esthétique corporelle est alors affectée. La rigidité des articulations a un effet sur le fonctionnement global de l'organisme. Ainsi, un dos voûté empêche les poumons de bénéficier de l'amplitude du mouvement nécessaire à une bonne respiration.

Le cœur est un muscle. Un cœur en santé pompe aisément et alertement le sang du système veineux au système artériel. Il faut donc exercer le cœur pour qu'il fonctionne normalement, sinon il diminue de volume et devient incapable d'emmagasiner suffisamment de sang pour produire une forte contraction musculaire. L'efficacité du système d'oxygénation du sang par les poumons s'en trouve alors considérablement réduite.

Les artérioles ont tendance à se fermer par suite d'un manque d'exercice, d'où une augmentation des risques de maladies cardiaques. L'exercice maintient ces vaisseaux ouverts de telle sorte que si une artère majeure s'encrasse, le sang peut alors faire un détour par de plus petites artères.

Les poumons d'un adulte moyen contiennent six litres d'air dont une fraction seulement, un demi-litre environ au repos, est échangée à chaque respiration. L'exercice augmente la capacité vitale des poumons, c'est-à-dire le taux d'air qu'on peut expirer après avoir pris une inspiration aussi profonde que possible, soit quatre à cinq litres.

Des études sur l'hypokinétisme faites auprès de sujets volontaires ou de malades hospitalisés à la suite d'opérations graves ont montré que l'état de faiblesse qui résulte de la situation dépend en grande partie de l'inactivité physique. En effet, le corps s'adapte rapidement aux demandes d'activité qu'on lui fait. Contrairement à une machine, plus on l'utilise, plus il est en forme.

En résumé, une vie sédentaire diminue la masse musculaire utile, réduit l'efficacité du système de transport de l'oxygène au repos et à l'effort et affecte le rendement du retour veineux sanguin. Le manque d'exercice a aussi plusieurs conséquences indirectes : il engendre une décalcification des os, accroît les risques d'obésité, entrave le fonctionnement normal de la digestion et de l'élimination, produit plusieurs désordres, tels que des douleurs dorso-lombaires, des maladies coronariennes, des maladies psychosomatiques, des problèmes d'esthétique corporelle et une plus grande prédisposition aux accidents.

QUELLE EST VOTRE FORME PHYSIQUE MAXIMALE?

Plusieurs facteurs contribuent au développement et au maintien d'une bonne condition physique. L'hérédité donne un bagage de base mais les maladies, les accidents ou l'entraînement physique peuvent modifier cette donnée initiale.

Les fluctuations des facteurs responsables de la bonne condition physique et les différences observées entre les hommes et les femmes dépendent de l'hérédité dans une proportion de 50%. Par exemple, du point de vue de la vigueur musculaire, la femme n'a que 60% de la valeur absolue de l'homme et certains individus naissent avec le potentiel requis pour devenir athlètes tout comme d'autres sont potentiellement géniaux.

Le potentiel héréditaire est toutefois modifié par les maladies, les accidents, les conditions de l'environnement, le vieillissement et l'entraînement physique. Ainsi l'entraînement physique peut affecter l'efficacité du système de transport de l'oxygène aux tissus, le pourcentage de graisse corporelle, la vigueur musculaire, la posture et la position du bassin, autant de déterminants variables de la condition physique. Des programmes intensifs peuvent modifier selon une proportion de 40%, l'efficacité du système de transport de l'oxygène, selon une proportion de 100%, la force musculaire et selon une proportion de 500%, l'endurance musculaire. Ils peuvent également diminuer de 75% le taux de graisse corporelle.

À moins que vous ne soyez déjà athlète ou en très grande forme, il est donc toujours possible d'améliorer votre forme physique en jouant sur les déterminants variables de la condition physique. Rappelez-vous toutefois que vous êtes le seul juge en la matière et qu'il vous revient de déterminer les objectifs que vous désirez et pouvez atteindre.

ÊTES-VOUS EN FORME?

Être en forme, ce n'est pas être athlète, mais c'est être capable de répondre aux multiples demandes de la vie quotidienne et avoir suffisamment d'énergie en réserve pour faire face à un stress soudain et inattendu. Morehouse regroupe comme suit les cinq conditions du maintien minimal du corps:

1. Mouvoir les articulations majeures de diverses manières de façon à garder le corps souple.
2. Se tenir debout durant au moins deux heures par jour (pas nécessairement d'affilée) pour aider la circulation sanguine et maintenir l'ossature en forme.
3. Soulever un poids inhabituellement lourd durant au moins cinq secondes afin de maintenir la force musculaire.
4. Augmenter le rythme cardiaque à 120 battements par minute durant au moins trois minutes chaque jour de façon à exercer le muscle du cœur.
5. Brûler 300 calories par jour dans des activités physiques de façon à prévenir l'obésité.

Comme on le constate aisément, toutes ces conditions peuvent facilement être remplies au cours d'une journée normale. La ménagère qui marche vivement jusqu'à l'épicerie, n'hésite pas à se pencher ou à s'étirer pour trouver le produit désiré, transporte le sac d'emplettes à la maison où elle passe ensuite l'aspirateur, fait les lits et l'époussetage satisfait à toutes les exigences d'une bonne condition physique. De même, l'employé de bureau qui fait ses commissions lui-même au lieu de recourir à la secrétaire, qui reste debout alors qu'il pourrait s'asseoir, qui descend de l'autobus à deux arrêts de chez lui pour parcourir à pied le reste du trajet et qui fait du bricolage à la maison maintient sa forme tout en ayant un emploi sédentaire.

Mais parce que la vie moderne offre tant de possibilités d'inactivité, il faut «**penser**» à se tenir en forme et «**créer**» les conditions d'exercice ou, tout simplement, adopter un programme de conditionnement.

COMMENT ÉVALUER UN PROGRAMME D'ENTRAÎNEMENT PHYSIQUE?

Le propre d'un bon programme d'entraînement physique est d'assouplir et de renforcer la musculature corporelle, d'exercer le cœur tout en respectant la condition physique initiale et le rythme personnel, de diminuer le pourcentage de graisse corporelle et d'améliorer la capacité de relaxation.

1. Un bon programme d'entraînement doit contenir des exercices d'assouplissement.

   Il suffit de deux minutes et demie par jour pour maintenir sa flexibilité. Les programmes 10BX et 5BX, dont on parlera ci-après, commencent par des exercices d'assouplissement. À moins d'avoir quelque ambition sportive, artistique ou méditative, ces exercices ou d'autres du même genre suffisent à se garder souple.

2. Un bon programme d'entraînement doit contenir des exercices reliés à la force musculaire.

   Des exercices reliés à la force musculaire constituent une partie substantielle de tout programme de conditionnement physique.

3. Un bon programme d'entraînement doit exercer le cœur.

   On croit généralement qu'il faut s'exercer intensivement pour exercer le cœur : l'important, c'est **la durée. Il suffit** de pratiquer un exercice de façon continue durant deux minutes au moins et d'augmenter le rythme cardiaque à 110–120 battements par minute pour bien exercer le cœur. La course, par exemple, remplit cette fonction : course sur place, comme dans les exercices 10BX et 5BX, ou jogging.

4. Un bon programme d'entraînement doit respecter la condition physique initiale et le rythme personnel.

   Il est important de considérer son rythme cardiaque comme une mesure-guide dans un programme de conditionnement. Chez une personne en piètre condition physique, les muscles sont plus forts que le cœur et un effort musculaire intense épuise alors le cœur. À plus forte raison, les gens souffrant de troubles cardiaques devraient-ils s'assurer de respecter leur rythme.

Murray suggère de procéder comme suit pour tenir compte de sa condition physique et pour s'assurer de suivre son rythme personnel. Le rythme cardiaque maximum absolu pour un homme de 20 ans en bonne condition physique, soit un rythme de 200 battements-minute, est considéré comme la mesure standard. Déduisez de ce chiffre votre âge et un handicap de 40 pour votre mauvaise condition et vous aurez le rythme cardiaque **maximum** à atteindre ou à ne pas dépasser au début d'un entraînement. Ainsi, si vous avez 35 ans, ce rythme sera de 125, soit 200 - (35 + 40). Puis, progressivement, réduisez votre handicap de 1, passez de 40 à 39, etc. Les moins de 30 ans peuvent réduire totalement leur handicap. Les plus de 30 ans conserveront, selon l'âge, un handicap résiduel : 5 et moins entre 30 et 40 ans, 15 et moins entre 40 et 50 ans, 20, à 50 ans et plus. En toute hypothèse, rappelez-vous qu'il est plus utile d'augmenter le rythme cardiaque à 110 ou 120 battements-minute que de diminuer son handicap.

DEUX PROGRAMMES D'ENTRAÎNEMENT POUR LE *COMMUN DES MORTELS*

1. Les exercices 10BX et 5BX.[1]

Les programmes 10BX et 5BX développés par l'Aviation royale du Canada sont simples, progressifs, équilibrés, complets, personnels et commodes. En effet, ils n'exigent aucun équipement particulier, requièrent peu d'espace pour leur exécution et se pratiquent facilement à domicile en une dizaine de minutes par jour. Ils accroissent la force et l'endurance musculaires, conservent au corps sa souplesse et sa flexibilité et améliorent le fonctionnement du cœur.

1. Les programmes sont présentés sous forme de brochures vendues à prix modique (cf. bibliographie).

Les deux programmes consistent en une routine quotidienne d'exercices gradués en difficulté jusqu'à un point maximal variant selon l'âge et le sexe. Le programme 5BX, conçu pour les hommes, propose 5 exercices de base exécutés en 11 minutes. Le programme 10BX, pour sa part, s'adresse aux femmes et se compose de 10 exercices exécutés en 12 minutes.

Les deux programmes comportent un certain nombre d'étapes et, d'une étape à l'autre, chaque exercice de base est modifié de façon à exiger un effort progressif. Il est important de respecter le temps global, soit 11 minutes pour les exercices du 5BX et 12 minutes pour ceux du 10BX, mais il est permis de varier la durée allouée pour chaque exercice à l'intérieur de cette limite. Le degré de capacité physique est déterminé par votre groupe d'âge et même si vous êtes tenté de progresser rapidement, il est fortement recommandé de suivre toutes les étapes du programme. Il vous faudra peut-être six mois ou plus d'exercices quotidiens pour atteindre le degré indiqué dans votre cas, mais une fois ce niveau atteint, trois périodes par semaine suffiront à maintenir votre forme. Si vous sautez une journée, n'hésitez pas à revenir à un niveau inférieur, et si vous abandonnez le programme durant plus d'un mois, recommencez-le à partir du début.

2. La marche.

Présentez la marche comme un programme d'entraînement physique peut sembler curieux. Pourtant cette activité est un exercice physique complet, accessible à tous, même aux grands cardiaques et elle peut se faire quotidiennement en de multiples occasions. Aussi, la marche devient-elle un sport de plus en plus populaire. On évalue que sur les 66 millions d'Américains qui font de l'exercice régulièrement, 46 millions utilisent uniquement la marche comme mode de conditionnement.

Les effets de la marche ont été éprouvés. On a montré que cet exercice, tout comme le jogging, améliore le fonctionnement du cœur et des poumons, diminue le taux de cholestérol et renforce la musculature. Ainsi, avec l'entraînement, on peut réduire les battements cardiaques de sept battements à la minute pour un total de cinq millions de battements par année. Contrairement au jogging cependant, la marche ne risque pas de faire violence au corps.

D'autres effets de la marche sont aussi notoires. La marche soulage l'insomnie, l'anxiété et les désordres nerveux, sans entraîner l'effet secondaire des tranquillisants ou des drogues. Elle favorise le calme et la réflexion. Plusieurs grands savants ou penseurs marchaient régulièrement. Citons, entre autres, Einstein, Thoreau et Freud qui marchaient de trois à quatre heures par jour. La marche améliore également la condition et l'apparence physique en augmentant la dépense énergétique et en favorisant une meilleure posture et une meilleure circulation sanguine. Elle aide ainsi à enrayer les problèmes de dos et les problèmes d'obésité. En effet, plusieurs recherches indiquent que, par son caractère pratique, la marche est l'exercice qui motive le plus les sujets obèses à adopter un programme de conditionnement physique et qu'elle est particulièrement efficace pour retrouver et maintenir un poids normal.

Pour profiter au maximum des effets de la marche, les spécialistes recommandent un niveau optimal de tension. Vous identifierez ce niveau en procédant de la façon suivante. Marchez d'abord comme vous le faites habituellement pour constater le niveau normal de tension. Augmentez ensuite ce niveau jusqu'à son maximum. Puis diminuez la tension jusqu'à devenir complètement mou, d'être même sur le point de tomber. Augmentez alors légèrement la tension pour obtenir une marche douce et souple. Quand les quadriceps qui amènent la jambe en avant sont souples, les hanches balancent davantage, d'où une augmentation marquée de la longueur du pas. Les chevilles, les genoux et les hanches jouent alors le rôle d'amortisseurs. Ce coussin additionnel permet d'élever le centre de gravité et évite les mouvements non fonctionnels. Cette mesure entraîne d'autres effets non moins négligeables : la démarche devient plus sensuelle et plus agréable et elle enraye l'élargissement du haut des cuisses ou ce qu'on appelle «*la culotte de cheval*».

Afin de favoriser une meilleure posture corporelle et d'augmenter la dépense énergétique, marchez en élevant la poitrine et en laissant les bras se balancer de chaque côté du corps. L'élévation de la poitrine favorise le balancement du bassin. De plus, les muscles abdominaux seront ainsi allongés et renforcés pour supporter le mouvement. Les muscles antérieurs de la cuisse amèneront alors la jambe en avant plus facilement alors que les muscles du bas du dos ne seront pas inutilement contractés mais détendus. Par leur mouvement alternatif, le balancement des bras assiste les jambes en stabilisant le corps.

Profitez des multiples occasions de la vie quotidienne pour marcher régulièrement. Prenez l'habitude de marcher un peu avant de prendre un autobus, de vous déplacer à pied jusqu'au dépanneur du coin, de monter les escaliers plutôt que de prendre les ascenseurs etc... Si vous n'avez aucun entraînement, prévoyez une semaine d'acclimatation avant de marcher plus de quinze minutes par jour. Puis augmentez graduellement le temps et le rythme de l'entraînement.

Au lecteur intéressé à la pratique d'un sport comme programme d'entraînement physique, nous recommandons de consulter l'ouvrage de Bouchard *et al.* pour connaître les effets spécifiques de diverses activités sportives. Rappelons que, de façon générale, la pratique d'un sport demande une bonne condition physique et nécessite donc un entraînement préliminaire. De plus, chaque session d'exercice intense requiert un réchauffement musculaire sous peine d'occasionner des crampes ou des attaques cardiaques!

13. L'alimentation

Pour bien fonctionner, les cellules du corps doivent être approvisionnées en substances essentielles à leur maintien, à leur fonctionnement et à leur reproduction. Une bonne diète contient ainsi des carbohydrates, des gras, des protéines, des minéraux et de l'eau. Seule une diète équilibrée et variée peut fournir tous ces éléments.

Chaque élément nutritif remplit une fonction spécifique. Les carbohydrates et les gras sont principalement des sources d'énergie. Les protéines servent surtout à la formation des tissus. Les vitamines sont nécessaires à la fabrication d'enzymes dont le rôle est multiple au niveau du métabolisme. Les minéraux sont essentiels pour entretenir certains processus physiologiques, pour renforcer l'ossature et pour maintenir la vigueur cardiaque, cérébrale, musculaire et nerveuse. Enfin, l'eau est la substance nutritive la plus importante. Responsable des processus de digestion, de circulation et d'excrétion, l'eau transporte les substances à travers le corps ; elle est nécessaire à la formation des tissus et elle aide à régulariser la température du corps.

Les relations entre alimentation et stress sont évidentes. Une alimentation inappropriée est un stress pour l'organisme puisqu'elle empêche ou gêne le métabolisme normal. Dans certains cas, à moins d'un apport externe (aliments, médicaments) visant à rétablir la normalité, une mauvaise alimentation engendre des maladies.

Saviez-vous...

- Qu'on associe 60% des principales causes de décès en Amérique du Nord à des problèmes de mauvaise nutrition?
- Que les recherches relient l'augmentation du taux de mortalité en général, particulièrement l'augmentation des accidents cardio-vasculaires, à une consommation excessive d'aliments riches en gras saturés? Or, le gras animal est saturé et 40 à 45% des matières grasses ingérées dans une journée proviennent des viandes (chez le groupe de femmes et d'hommes compris entre 20 et 39 ans au Canada).
- Que les cancers du sein et de l'intestin sont plus nombreux parmi les populations qui ont une alimentation riche en matières grasses?
- Que les statistiques les plus récentes révèlent une consommation annuelle de 112 livres de sucre par personne et que, selon plusieurs auteurs, il en découle des problèmes, tels que le diabète, la carie dentaire, la dépression, la fatigue, l'hyperactivité, la constipation, etc.?
- Qu'un Canadien sur deux est obèse?
- Qu'il existe de nombreux problèmes de malnutrition dans les pays riches à cause de l'absence de certaines substances essentielles ou d'une surabondance d'aliments nocifs à la santé?

Les faits sont indiscutables, mais quels aliments faut-il manger pour être « *en santé* »? On entend tant de slogans contradictoires aujourd'hui qu'il est difficile de se faire une idée cohérente de la situation. Doit-on consommer plus de vitamines B_{12}, de produits végétariens, de sardines (ADN)? Faut-il boire deux pintes d'eau ou éviter tout liquide pour ne pas éliminer les sels minéraux?

Les experts mêmes ne s'entendent pas sur le sujet. Paavo Airola, biochimiste, et Whitaker, médecin, dénoncent le mythe d'une alimentation riche en protéines et faible en carbohydrates. D'autre part, Atkin, médecin, recommande aux obèses d'éviter particulièrement les carbohydrates. Roger Williams, biochimiste, estime que les doses de vitamines prescrites par les diététistes sont trop minimes et conseille d'en consommer davantage. D'autres spécialistes recommandent des régimes végétariens, végétaliens [1] ou naturistes pour diminuer les problèmes d'obésité, de cholestérol et d'intoxication alimentaire. Certains proposent même le jeûne comme cure de désintoxication et de régénération de l'organisme.

Qui n'a ouï-dire que le café est à éviter, que le sucre est un véritable poison, que les colorants ajoutés dans l'alimentation sont cancérigènes, que le sel produit des problèmes d'hypertension ? Comment accorder foi à ces opinions quand, d'un régime à l'autre, les aliments-tabous varient autant que les aliments-miracles ?

À y regarder de plus près, malgré les divergences considérables d'opinion, la majorité des spécialistes s'entendent sur un ensemble d'idées et de faits. Il semble rationnel et peu risqué d'y accorder foi, étant donné les preuves invoquées.

Les idées couramment acceptées dans le domaine de l'alimentation sont fort bien résumées dans la brochure « *Le guide alimentaire québécois* », publié par le ministère des Affaires sociales du Québec.

> « *On se rend compte aujourd'hui que nous surconsommons, sans discernement. Le nombre de maladies modernes (obésité, maladies cardiovasculaires, etc.) pourrait fort bien diminuer si nous prenions de meilleures habitudes alimentaires.* »[2]

---

1. Un régime végétalien repose entièrement sur des aliments d'origine végétale alors qu'un régime végétarien tout en interdisant les viandes, autorise certains produits de nature animale, tels que les œufs ou le fromage.
2. (Denis Lazure, ministre des Affaires sociales du Québec).

Les spécialistes identifient plusieurs habitudes alimentaires malsaines dans la nutrition moderne. D'une part, ils dénoncent la surconsommation alimentaire : nous mangeons trop. D'autre part, ils identifient des déséquilibres dans le choix des aliments. Nous consommons trop de sucre, trop de gras, trop d'alcool et trop de sel, alors que nous profiterions grandement de varier davantage notre alimentation, de manger plus de fruits et de légumes et d'aliments riches en fibres alimentaires.

Que faut-il manger pour être en bonne santé ? Le Guide alimentaire canadien propose un programme d'alimentation basé sur les besoins quotidiens en éléments nutritifs, selon les normes canadiennes de nutrition. Il recommande le choix de certains aliments de même que les proportions requises. Ainsi, vous devez consommer, selon votre âge, des proportions déterminées de quatre groupes d'aliments : lait et produits laitiers, pain et céréales, fruits et légumes, viandes et substituts.

En suivant le guide, vous absorberez chaque jour les substances essentielles à un fonctionnement normal de l'organisme. Ainsi, le lait et les produits laitiers fournissent le calcium, les vitamines D, A, B et des protéines. Le pain et les céréales sont d'excellentes sources de fer et de vitamine B. En choisissant des grains entiers (céréales ou pain fait à partir de produits non raffinés) vous obtiendrez, entre autres, les substances riches en fibres alimentaires. Les fruits et les légumes procurent les vitamines A et C de même que du fer. Enfin, les viandes ou substituts, tels que les noix et le fromage, comblent les besoins en protéines.

Certaines recommandations peuvent également guider le choix et la préparation des aliments à l'intérieur de chaque groupe alimentaire. Dans le groupe « *lait et produits laitiers* », on conseille de boire du lait ou de manger des mets cuisinés à base de lait puisqu'il existe peu de sources facilement disponibles de vitamine D.

Guide alimentaire canadien

Mangez chaque jour des aliments choisis dans chacun de ces groupes

lait et produits laitiers
Enfants jusqu'à 11 ans 2-3 portions
Adolescents 3-4 portions
Femmes enceintes et allaitantes 3-4 portions
Adultes 2 portions

viande et substituts
2 portions

pain et céréales
3-5 portions
à grains entiers ou enrichis

fruits et légumes
4-5 portions
Inclure au moins deux légumes

Santé et Bien-être social Canada — Health and Welfare Canada

Mission Vraie-Vie

Mangez chaque jour des aliments choisis dans chacun de ces groupes

Les besoins énergétiques varient selon l'âge, le sexe et le type d'activité. Les menus équilibrés d'après le guide fournissent entre 1 000 et 1 400 calories.
Pour augmenter l'apport énergétique, augmentez les quantités consommées ou ajoutez des aliments d'autres catégories.

lait et produits laitiers

Enfants jusqu'à 11 ans	2-3 portions
Adolescents	3-4 portions
Femmes enceintes et allaitantes	3-4 portions
Adultes	2 portions

Prendre du lait écrémé, partiellement écrémé ou entier, du lait de beurre, du lait en poudre ou évaporé, comme boisson ou comme ingrédient principal dans d'autres plats. On peut également remplacer le lait par du fromage.

Exemples d'une portion

250 ml (1 tasse) de lait, yogourt ou fromage cottage
45 g (1½ once) de fromage cheddar ou de fromage fondu

Les personnes qui consomment du lait non enrichi devraient prendre un supplément de vitamine D.

viande et substituts
2 portions

Exemples d'une portion

60 à 90 g (2 à 3 onces après cuisson) de viande maigre, de volaille, de foie ou de poisson
60 ml (4 c. à table) de beurre d'arachides
250 ml (1 tasse après cuisson) de pois secs, de fèves sèches ou de lentilles
80 à 250 ml (1/3 à 1 tasse) de noix ou de graines
60 g (2 onces) de fromage cheddar, fondu ou cottage
2 œufs

pain et céréales
3-5 portions

à grains entiers ou enrichis. Choisir des produits à grains entiers de préférence.

Exemples d'une portion

1 tranche de pain
125 à 250 ml (½ à 1 tasse) de céréales cuites ou prêtes à servir
1 petit pain ou muffin
125 à 200 ml (½ à ¾ tasse après cuisson) de riz, de macaroni ou de spaghetti

fruits et légumes
4-5 portions

Inclure au moins deux légumes.

Manger des légumes et des fruits variés — cuits, crus ou leur jus. Choisir des légumes jaunes, verts ou verts feuillus.

Exemples d'une portion

125 ml (½ tasse) de légumes ou de fruits
125 ml (½ tasse) de jus
1 pomme de terre, carotte, tomate, pêche, pomme, orange ou banane, de grosseur moyenne

On souligne, en effet, que les yogourts ou le fromage ne contiennent pas de vitamine D. Ces produits sont, par contre, tout comme le lait, d'excellentes sources de calcium. De plus, le beurre, la crème fouettée, la crème sure et les fromages à la crème ne sont pas considérés comme une portion adéquate de ce groupe alimentaire à cause de leur haute teneur en gras et de leur faible apport en calcium.

Les produits à grains entiers sont préférés aux produits raffinés puisque ces derniers perdent une part importante de leur valeur nutritive dans le processus de raffinage. Les produits à grains entiers contiennent les fibres alimentaires nécessaires à un bon fonctionnement intestinal et sont d'excellentes sources de fer et de vitamines. Si l'alimentation doit se baser sur des produits raffinés, il faut s'assurer qu'ils ont été enrichis en cours de processus. On notera qu'au Canada, la farine blanche est obligatoirement enrichie de fer, de thiamine, de riboflavine et de niacine, alors que le contenu des pâtes et des céréales n'est pas réglementé.

Les fruits et les légumes répondent à nos besoins en vitamines A et C et sont une bonne source de fer. Pour en conserver toute la valeur nutritive, il faut les consommer lorsqu'ils sont frais, crus, si l'usage le permet, ou à peine cuits, à la vapeur, de préférence. Ces recommandations s'expliquent par le fait que les vitamines A et C, de même que les fibres alimentaires contenues dans les fruits et les légumes sont détruites ou perdues par exposition à l'air ou à l'eau ou par cuisson prolongée.

Un des objectifs d'une politique québécoise en matière de nutrition est de réduire de 20% les matières grasses dans notre alimentation. Or, on constate qu'au Canada, la viande est responsable dans une proportion de 40 à 50% des matières grasses ingérées dans une journée chez l'adulte (i.e. dans le groupe de femmes et d'hommes compris entre 20 et 39 ans, d'après l'enquête « Nutrition Canada »). Alors qu'il est bon de manger de la viande pour s'approvisionner en protéines, il est recommandé de limiter à quatre ou six onces les portions quotidiennes et de préférer les viandes maigres, les poissons ou les substituts de nature végétale, comme les légumineuses, les noix et les graines. Le fromage est aussi une bonne source de protéines, mais il faut l'accompagner de légumes verts ou de pain pour compenser sa faible teneur en fer. Les œufs, consommés en quantité modérée, puisque certains s'inquiètent de leur teneur en cholestérol, peuvent également être de bons substituts de protéines.

L'alimentation végétarienne est de plus en plus en vogue aujourd'hui. Bien qu'elle ne soit pas nécessaire à la santé, elle constitue un programme approprié de nutrition. Il suffit de suivre les règles de combinaison des protéines pour s'assurer que l'organisme les utilise avec profit. Ainsi, on recommande de manger des légumineuses ou des noix et graines avec des céréales ou des légumineuses avec des noix et des graines. On peut aussi combiner les céréales avec les produits laitiers pour obtenir une meilleure valeur protéinique. Il semble que les avantages du régime végétarien soient nombreux: moins de problèmes d'obésité, moins de cholestérol, moins d'ostéoporose, et travail intestinal facilité. De plus, il est économique aujourd'hui de substituer aux viandes des produits de nature végétale.

Combien de calories par jour faut-il ingérer pour se maintenir en bonne santé? Le nombre de calories nécessaires pour maintenir son poids idéal. Si, par exemple, vous maintenez votre poids idéal de 70 kilos en prenant 2 000 calories par jour, ce nombre est la quantité de calories dont vous avez besoin quotidiennement. La réponse est donc très individuelle: elle dépend de l'âge, de la dépense énergétique et du métabolisme. De façon générale, mentionnons toutefois qu'au Canada, les hommes de 19 à 65 ans requièrent respectivement de 3 000 à 2 300 calories par jour et les femmes de 19 à 65 ans, de 2 100 à 1 800 calories.

L'obésité est un problème si répandu aujourd'hui qu'il y a lieu de rappeler l'importance de conserver un poids approprié au bon fonctionnement de l'organisme. Saviez-vous que les Québécois de 20 à 39 ans consomment chaque jour environ 400 calories de trop alors que la Québécoise du même âge dépasse de 100 calories la norme acceptable? Consultez le tableau 8 pour connaître votre poids idéal et apportez, s'il y a lieu, les corrections nécessaires.

TABLE DE POIDS[1]

A) Poids idéal pour hommes à partir de 25 ans

TAILLE Avec les chaussures, talons de 1 pouce. PIEDS POUCES		PETITE OSSATURE	OSSATURE MOYENNE	OSSATURE PUISSANTE
5	2	112 – 120	118 – 129	126 – 141
5	3	115 – 123	121 – 133	129 – 144
5	4	118 – 126	124 – 136	132 – 148
5	5	121 – 129	127 – 139	135 – 152
5	6	124 – 133	130 – 143	138 – 156
5	7	128 – 137	134 – 147	142 – 161
5	8	132 – 141	138 – 152	147 – 166
5	9	136 – 145	142 – 156	151 – 170
5	10	140 – 150	146 – 160	155 – 174
5	11	144 – 154	150 – 165	159 – 179
6	0	148 – 158	154 – 170	164 – 184
6	1	152 – 162	158 – 175	168 – 189
6	2	156 – 167	162 – 180	173 – 194
6	3	160 – 171	167 – 185	178 – 199
6	4	164 – 175	172 – 190	182 – 204

B) Poids idéal pour femmes à partir de 25 ans

TAILLE Avec les chaussures, talons de 2 pouces PIEDS POUCES		PETITE OSSATURE	OSSATURE MOYENNE	OSSATURE PUISSANTE
4	10	92 – 98	96 – 107	104 – 119
4	11	94 – 101	98 – 110	106 – 122
5	0	96 – 104	101 – 113	109 – 125
5	1	99 – 107	104 – 116	112 – 128
5	2	102 – 110	107 – 119	115 – 131
5	3	105 – 113	110 – 122	118 – 134
5	4	108 – 116	113 – 126	121 – 138
5	5	111 – 119	116 – 130	125 – 142
5	6	114 – 123	120 – 135	129 – 146
5	7	118 – 127	124 – 139	133 – 150
5	8	122 – 131	128 – 143	137 – 154
5	9	126 – 135	132 – 147	141 – 158
5	10	130 – 140	136 – 151	145 – 163
5	11	134 – 144	140 – 155	149 – 168
6	0	138 – 148	144 – 159	153 – 173

Pour les filles entre 18 et 25 ans, soustraire 1 livre pour chaque année en-dessous de 25 ans.

---

1. La Métropolitaine, compagnie d'assurance-vie, 1959.

LES ALIMENTS DANGEREUX

Plusieurs recherches montrent que certains aliments doivent être consommés de façon modérée pour ne pas présenter de danger pour l'organisme, soit parce qu'ils détruisent les tissus, soit parce qu'ils occasionnent des déséquilibres du métabolisme. Ces aliments dangereux sont le sucre, les gras, la caféine, l'alcool, le sel et les produits transformés.

Cette question de la nocivité de certains aliments doit être traitée avec prudence. La médecine évolue rapidement. Certains faits sont notoires, d'autres le sont moins. Ainsi, on sait que l'alcoolisme peut entraîner une cirrhose du foie. Pour la plupart des aliments cependant, comme dans le cas des sucres ou des matières grasses, les relations de cause à effet ne sont pas aussi clairement établies. La démonstration scientifique présente nombre de difficultés. Comment vérifier, en effet, que la fatigue presque chronique dont vous souffrez provient d'une consommation excessive de sucre ? Armez-vous donc d'un sain scepticisme pour lire ce que les spécialistes écrivent de l'alimentation moderne.

TABLEAU 9[1]

Source: USDA.

---

1. Tableau tiré de Jacobson, M. F. (1974).

LE SUCRE

La consommation de sucre per capita ne cesse d'augmenter chaque année. Aux États-Unis, elle est passé de 35 livres environ par personne en 1880 à 100 livres environ en 1970 (Voir tableau 9). Au Canada, la consommation de sucre est de 112 livres par personne en 1980 et, selon les statistiques, les Québécois en consomment plus que la moyenne nationale.

Le sucre ajouté est tellement présent dans tous les produits alimentaires commerciaux qu'il devient difficile d'éviter le sucre dans l'alimentation moderne. Par exemple, 87% des calories d'un cola proviennent du sucre ajouté; le pourcentage est de 88% pour un « jello » et de 65% pour la salade de fruits Del Monte. On ajoute même du sucre aux soupes et potages et aux vinaigrettes.

On sait que l'abus de sucre favorise la carie dentaire et l'obésité et, pour ces seules raisons, il est déjà fortement recommandé de limiter l'usage de sucre sous toutes ses formes (sucrose, miel, sirop d'érable, etc.). Mais de plus en plus de recherches relient l'abus du sucre à l'hypoglycémie et, compte tenu du fait que ces recherches sont moins connues, nous les exposerons plus en détail.

Le sucre est la principale source d'énergie pour toutes les cellules du corps surtout les cellules du cerveau qui s'en nourrissent exclusivement. Le sucre provient principalement des carbohydrates et du glycogène. Les carbohydrates sont présents dans les aliments sucrés, les féculents et la cellulose, soit dans les desserts, le pain, les pâtes alimentaires, les fruits et les légumes. Par les sucs digestifs, ces carbohydrates sont transformés en un sucre simple, c'est-à-dire en glucose. Une partie du glucose est utilisée comme carburant par les tissus du cerveau, le système nerveux et les muscles. Une autre partie est transformée en glycogène et emmagasinée dans le foie et les muscles; l'excès est transformé en gras et stocké dans les tissus adipeux comme réserve d'énergie.

Pour le bon fonctionnement de l'organisme, le taux de glucose du sang doit se maintenir en-deçà de certaines limites. Des hormones servent à assurer cet équilibre. L'insuline diminue le taux de glucose lorsque celui-ci est trop élevé; le glycagon et l'adrénaline l'augmentent lorsqu'il est trop faible. Le glycagon est secrété par le pancréas sous l'action de la cortine et de la cortisone, hormones fabriquées par les surrénales corticales. Lorsque l'organisme subit un stress, l'adrénaline remplit des fonctions similaires au glycagon.

Si l'action ou la sécrétion de l'insuline est insuffisante, le processus de transformation du glucose en glycogène sera affecté, le sang sera trop riche en sucre, d'où les risques de diabète. Par contre, si la concentration de sucre dans le sang approvisionnant les cellules du cerveau est trop faible, il y aura hypoglycémie et le danger déclenchera la réponse de stress, donc une décharge d'adrénaline qui agira sur le foie pour augmenter le taux de sucre du sang. On notera que plusieurs hormones peuvent augmenter le taux de sucre sanguin, mais que l'insuline est la seule hormone qui effectue l'opération inverse. Aussi recommande-t-on de ménager le pancréas pour en assurer le bon fonctionnement.

Des statistiques récentes montrent que le diabète est la troisième cause de décès en Amérique du Nord (voir La Presse, 25 oct. 78). L'hypoglycémie est une maladie moins connue et les spécialistes ne s'entendent pas sur sa fréquence : certains disent qu'une personne sur 1 000 en souffre alors que d'autres croient que 50% de la population en est affectée à des degrés divers.

Pour comprendre ce qu'est l'hypoglycémie, voyons de plus près l'effet des carbohydrates sur le taux de glucose du sang. L'ingestion de carbohydrates augmente le taux de glucose du sang. La hausse est plus ou moins soudaine selon qu'il s'agit de sucres simples, facilement digérés, ou de sucres complexes qui requièrent quelques heures de digestion. Vous avez tous déjà expérimenté l'effet énergisant d'une tablette de chocolat pour savoir à quel point l'effet de certains carbohydrates peut être instantané. Cependant, les processus métaboliques ne s'arrêtent pas là. En effet, le pancréas réagira à l'élévation du taux de glucose en produisant l'insuline de façon à transformer le glucose en glycogène et à rétablir ainsi une concentration normale de sucre dans le sang. Plus les carbohydrates absorbés sont formés de sucres simples, plus cette diminution est soudaine et plus elle risque de provoquer l'hypoglycémie.

Les premiers symptômes d'hypoglycémie se manifestent sous forme de fatigue et de somnolence. On devient nerveux, irritable, on fume une cigarette, on prend un café ou une collation. Si la correction du taux de glucose dans le sang ne s'effectue pas normalement, des symptômes plus alarmants peuvent apparaître : ils varient selon la vitesse de diminution de la concentration de sucre dans le sang et selon l'amplitude de la réponse correspondante de stress. Si la concentration de sucre diminue lentement au cours de plusieurs heures, on voit apparaître des problèmes de vision, des maux de tête, un état de confusion mentale et, éventuellement, le coma peut se produire.

Si la baisse est rapide, les symptômes les plus fréquents sont ceux qui accompagnent une sécrétion accrue d'adrénaline et les nouveaux symptômes tels que transpiration, sensation de faim, tachicardie, tremblement et anxiété sont superposés aux précédents. Si le taux de sucre n'est pas corrigé, des troubles d'ordre nerveux peuvent apparaître : sautes d'humeur, dépression, hallucinations, troubles moteurs et symptômes psychotiques.

Différentes conditions peuvent causer l'hypoglycémie, mais il semble que l'abus de carbohydrates soit particulièrement nocif à cet égard. On comprend alors pourquoi divers spécialistes recommandent à tous d'éliminer le sucre raffiné et à ceux qui souffrent d'hypoglycémie de consommer les carbohydrates avec modération.

LA CAFÉINE

La caféine, contenue dans le café, le thé, les colas et dans certains produits au chocolat, a le même effet que le sucre sur l'organisme. Elle active les cortico-surrénales et, conséquemment, augmente le taux de glucose dans le sang, d'où une restauration immédiate de l'énergie. De façon médiate, cependant, cette augmentation du taux de glucose sera corrigée dès que le sang atteindra le pancréas et la diminution de glucose sanguin qui en résultera se traduira par une nouvelle sensation de fatigue. D'où le besoin d'un nouveau stimulant alimentaire : deuxième café, cola, pâtisseries, etc. Aussi est-il déconseillé d'abuser de caféine dans son alimentation.

L'ALCOOL

Nous apprécions souvent l'alcool pour ses effets euphorisants et temporairement stimulants. Bien qu'il procure des effets agréables et qu'il puisse même aider à court terme à faire face à des situations stressantes, l'alcool entraîne les effets nocifs bien connus : dépendance physique et psychologique, maladies du foie, du cœur, de l'estomac et du système nerveux, psychoses et accidents mortels. Saviez-vous que le Québec se classe au troisième rang des pays industrialisés pour le nombre d'alcooliques ?

L'alcool est un aliment dangereux à maints égards. Il procure environ 70 calories par once et peut donc satisfaire les besoins en énergie de l'organisme. Mais comme il s'agit de calories « vides », des carences nutritives sont inévitables si l'alcool est consommé au détriment d'autres aliments essentiels. Par contre, même si l'alimentation est par ailleurs équilibrée, une consommation excessive d'alcool augmente non seulement le nombre de calories ingérées mais dérègle toutes les fonctions corporelles, des contractions musculaires au processus de la pensée.

L'alcool anesthésie le système nerveux central de sorte que l'hypothalamus ne reconnaît plus le danger et ne déclenche pas la sécrétion d'adrénaline, caractéristique de la réponse de stress. Le danger peut être interne, comme une diminution du taux de sucre dans le sang, ou externe, comme une route verglacée en pleine nuit. Dans les deux cas, la personne ivre ne réagira pas normalement au stress. Mais le danger réel ne disparaît pas pour autant, d'où les maladies et accidents éventuels.

La dépendance psychologique de l'alcool, comme de toute drogue d'ailleurs, se comprend aisément. À moins que d'autres réponses ne soient apprises ou que le danger soit différemment perçu, boire deviendra vite une réponse habituelle au signal de stress.

LE SEL

Le sel est un assaisonnement qu'on utilise surabondamment dans l'alimentation actuelle. Alors que les besoins quotidiens de l'organisme en sodium sont de 200 mg, la consommation moyenne varie de 7 à 30 g par jour. Ce taux est facilement atteint si l'on tient compte du fait qu'une tasse de soupe Lipton, par exemple, en contient 1 g, 3 tranches de bacon, 630 mg, et un saucisson de bologne de 2 onces, 525 mg.

Des études récentes montrent une relation entre une trop grande consommation de sel et l'hypertension artérielle. Ainsi les Japonais du nord de l'île qui absorbent beaucoup de salaisons comptent 40% d'hypertendus alors qu'il y en a moitié moins chez les Japonais du sud qui consomment la moitié moins de sel. Par ailleurs, les Esquimaux du Groënland, les tribus nomades du Kénya, les Indiens d'Amérique centrale et du sud ou les habitants de la Nouvelle-Guinée et des Îles Salomon, populations qui ont été bien étudiées, consommment peu de sel et ne souffrent pas d'hypertension. Des recherches expérimentales indiquent les mêmes tendances. Chez toutes les espèces animales, une administration excessive et durable de sel produit une élévation de la pression artérielle.

Il semble toutefois qu'une prédisposition innée ou héréditaire doive exister pour que les effets nocifs d'un abus de sel se manifestent. Mayer a montré que la tension artérielle des sujets souffrant d'hypertension est inversement proportionnelle à la capacité qu'ont leurs globules rouges d'excréter le sodium.

Les études relatives à la prévention de l'hypertension sont concluantes : la plupart des hypertensions humaines peuvent être améliorées ou guéries par une restriction de sel dans l'alimentation.

LES GRAISSES

Les graisses constituent un apport important dans notre alimentation Elles fournissent une source concentrée d'énergie, aident à la digestion des vitamines A, D, E et K, augmentent la saveur des aliments et procurent une sensation de satiété.

D'après les statistiques actuelles, les lipides représentent toutefois une trop grande part de notre consommation alimentaire totale, soit environ 40%. En outre, ce pourcentage est surtout constitué d'acides gras saturés. Les acides gras saturés sont principalement d'origine animale. On les retrouve dans les viandes, dans les produits laitiers non écrémés et dans certaines huiles et margarines ainsi que dans le chocolat.

Trois acides gras connus sous le nom de vitamine F sont essentiels à l'organisme qui ne peut les produire. Ce sont des acides gras non saturés nécessaires à la croissance, au bon fonctionnement du cœur, des artères et du système nerveux et à la santé de la peau et des autres tissus du corps. On pense que ces acides auraient également un rôle à jouer dans le transport et l'utilisation du cholestérol.

Le cholestérol est un lipide nécessaire à la santé. C'est une composante normale de la plupart des tissus de l'organisme. En outre, le cholestérol est nécessaire à la formation d'hormones, de la vitamine D et de la bile. Le cholestérol peut être emmagasiné dans l'organisme s'il n'est pas utilisé. Bien que les recherches ne soient pas concluantes, il semble que la consommation d'acides gras saturés coïncide presque invariablement avec un taux élevé de cholestérol dans le sang, ce qui favoriserait l'artériosclérose.

Afin de diminuer le taux de cholestérol sanguin, il est préférable d'utiliser des acides gras polyinsaturés, comme l'huile de tournesol, de maïs, de safran et de soya et de substituer régulièrement les poissons à la viande. Il est à noter que la friture des huiles de même que le processus d'hydrogénation courant dans l'extraction des huiles commerciales saturent la molécule d'acide gras. Il est donc important d'éviter les fritures et de rechercher parmi les huiles mentionnées précédemment, les huiles pressées à froid.

LES PRODUITS ALIMENTAIRES TRANSFORMÉS

Dans le but de préserver les aliments et de favoriser leur mise en marché, l'industrie alimentaire transforme de plus en plus les aliments de base en les raffinant et en leur ajoutant des agents de conservation ou des colorants. Ainsi, on raffine les grains, le riz et les pâtes alimentaires de sorte qu'ils perdent leur haute teneur en fibres alimentaires et leur contenu en vitamines et en enzymes naturels. De même, la production de colorants alimentaires artificiels est passée d'environ 300 000 livres en 1940 à plus de quatre millions de livres en 1970. Plusieurs recherches dénoncent régulièrement la nature cancérigène de ces additifs chimiques, mais une fois interdits sur le marché, ils sont — au dire de certains chercheurs — remplacés par d'autres produits tout aussi nocifs.

Bien que les spécialistes s'entendent sur l'importance de manger des aliments frais et recommandent de consommer des grains entiers, l'accord est loin d'être fait sur les produits alimentaires transformés. Certains disent qu'on s'alarme à tort sur le sujet. Leurs arguments ? Tout aliment est « *chimique* » et les tests de contrôle gouvernementaux assurent de toute façon la qualité des produits mis sur le marché. À leur avis, on devrait s'inquiéter davantage des effets de la suralimentation, du manque d'exercice, de l'abus d'alcool et de tabac sur la santé que des effets négligeables des colorants et produits de conservation ajoutés aux aliments.

Les tenants d'une alimentation naturelle, pour leur part, déplorent les méfaits de l'alimentation moderne. Plusieurs recherches relient la consommation de produits raffinés et de colorants à des maladies physiques et psychologiques. Ainsi, une étude faite en milieu scolaire a montré que l'élimination de produits raffinés et de colorants diminue de façon sensible les problèmes d'hyperactivité chez les enfants.

Tant de controverses ne permettent pas de prendre une position définitive sur le sujet. Peut-être, vaut-il mieux pour le moment user de prudence et, dans la mesure du possible, préférer les aliments frais naturels ou enrichis aux produits transformés sans tomber dans les excès — d'ailleurs coûteux — du naturisme.

14. Les méthodes de détente

Les situations quotidiennes de tension sont multiples. Qu'il s'agisse de subir un examen, de compléter un travail, de réussir un stage, de suivre un cours, d'apprendre une mauvaise nouvelle, etc., notre organisme encaisse régulièrement les stress de la vie courante. La tension physique ou psychologique qui en résulte se manifeste dans la musculature du corps. Heureusement, pourrions-nous dire, car il est plus facile de relâcher les muscles que l'esprit. En effet, les techniques de relaxation musculaire sont simples et leur efficacité à réduire le stress quotidien est reconnu depuis longtemps.

La relaxation a plusieurs effets positifs : diminution de 10 à 20% de la tension artérielle, baisse significative de la fréquence cardiaque, diminution de 30 à 60% de la fréquence respiratoire, augmentation de la durée de l'inspiration et de l'expiration, relâchement de la tension musculaire générale, enfin, diminution des perceptions visuelles et auditives amenant des états semblables à ceux qui sont observés durant le sommeil.

Il existe plusieurs méthodes éprouvées de détente. Nous avons choisi de présenter la méditation, la relaxation progressive de Jacobson, les préalables de Bertherat et trois types de pauses-détente. La variété de ces techniques vous permettra de faire un choix judicieux en tenant compte du temps dont vous disposez, de votre personnalité et de votre style de vie.

LA MÉDITATION

La méditation est universellement reconnue pour ses effets bénéfiques sur l'organisme. Pour ses adeptes, elle est devenue un lieu privilégié de détente, de recueillement et de revitalisation intérieure.

La méditation consiste à centrer son attention pendant un laps de temps déterminé sur une chose ou un objet particulier et se ramener sans cesse, doucement mais fermement, à cet objet de méditation. Plusieurs techniques ont été inventées à travers les temps pour atteindre cet objectif. Certains, comme Krishnamurti, ont puisé leurs sujets de méditation dans le domaine intellectuel, d'autres, dont la majorité des grands mystiques chrétiens, ont préféré le domaine affectif. Pour leur part, le Hatha Yoga, le Tai Chi ou, selon la façon contemporaine, la méthode d'Alexander adoptent la voie corporelle alors que l'Aikido ou le tir à l'arc, dans le Zen, relèvent de la voie active de l'action. Aucune technique n'est supérieure à une autre, chacune demeurant un choix personnel à faire à partir de la sphère où une personne se sent la plus forte et la plus en sécurité.

Les effets physiques de la méditation se regroupent autour de deux résultats principaux : d'une part, un état physiologique de profonde relaxation, d'autre part, un état mental d'éveil et d'alerte. L'état de détente de l'organisme pendant la méditation se manifeste par un métabolisme ralenti, une faible fréquence cardiaque, une diminution du taux et du volume de la respiration, une augmentation de la résistance de la peau au courant électrique moyen et une augmentation des ondes alpha. Mais, contrairement au sommeil où l'on retrouve ces mêmes caractéristiques, l'état de méditation augmente la capacité d'éveil et de stimulation du cerveau. Bien qu'il n'y ait encore aucune preuve scientifique, on croit que cet effet serait dû à l'activité même de la méditation, la focalisation ou la centration sur une seule chose à la fois.

Au plan psychologique, la méditation conduit, avec le temps, à une nouvelle façon de percevoir la réalité. Habituellement, on voit et on connaît le réel par l'intellect qui fait appel à des classes ou à des catégories pour identifier et distinguer les choses. La méditation suscite un mode de connaissance différent. On en vient à saisir le caractère unique d'une chose. Il est bien difficile de définir ce mode de compréhension du réel avec les catégories logiques que nous utilisons ordinairement. L'usage d'une analogie peut être plus évocateur : quand on est en amour, on sait profondément que l'être aimé est unique et irremplaçable. La méditation permet ainsi de reprendre contact avec une partie souvent perdue de nous-même, d'où une vitalité accrue et une capacité plus grande d'entrer profondément en relation ou d'aimer.

La méditation améliore aussi la compétence personnelle et apporte un regain d'enthousiasme dans la vie quotidienne. Ces effets découlent de l'activité « *per se* ». Étant un effort constant et délibéré pour ramener délicatement, mais avec discipline, son attention à l'objet choisi, la méditation renforce la concentration, le pouvoir de l'esprit et la persévérance dans la poursuite de ses objectifs.

Pour commencer à pratiquer la méditation, choisissez d'abord un endroit calme où vous ne serez pas dérangé. Prévoyez un moment propice. On suggère de méditer à une heure fixe pour développer l'habitude et s'assurer d'une plus grande régularité, par exemple, au lever, au retour du travail ou au coucher. Attendez deux heures après un repas pour méditer car, semble-t-il, les activités digestives interfèrent avec la méditation. Détachez tout vêtement serré, adoptez une position confortable et réglez la température pour ne pas avoir froid puisque le métabolisme se ralentit durant le processus de méditation. On recommande au débutant une pratique quotidienne de quinze à vingt minutes.

Ces conditions étant réalisées, il s'agit maintenant de décider d'un type de méditation et de vous centrer sur l'objet de votre méditation de façon à être entièrement présent à ce que vous faites et à n'être conscient de rien d'autre. En d'autres termes, il faut que l'objet de la méditation remplisse complètement le champ de la conscience. Naturellement, vous serez maintes fois distrait au cours de cet exercice. Lorsque vous en êtes conscient, ramenez-vous doucement, sans vous critiquer, à l'objet de votre méditation.

Nous vous présentons, parmi tant d'autres, deux types de méditation pour débutants. Choisissez celui qui vous convient davantage et n'hésitez pas après expérimentation à trouver une forme qui s'adapte davantage à vos besoins.

La concentration sur la respiration selon la méthode thibétaine consiste à observer sa respiration, les mouvements de l'inspiration et de l'expiration. Bien que cette méditation soit simple, elle est difficile à réaliser par le fait même de sa simplicité. Certains suggèrent alors de compter les mouvements respiratoires (compter 1 à la première expiration, 2 à la suivante et ainsi de suite jusqu'à 4, puis recommencer) ou de se dire mentalement qu'on inspire à chaque inspiration et qu'on expire à chaque expiration.

La méditation du mantra est sans doute la plus répandue dans la culture occidentale. Elle consiste à répéter un mot ou une phrase que l'on appelle « mantra ». Ce terme désigne un son, un mot ou phrase « sanskri » (langue hindoue) dont la consonance particulière agirait comme effet détendant sur le cerveau et le corps tout entier. Après une préparation de quelques minutes, on laisse doucement les idées flotter, sans effort de concentration jusqu'à ce que l'esprit se laisse bercer au son du « mantra » que l'on répète sans insistance. Le mouvement dit de méditation transcendantale prétend que chaque mantra doit être strictement personnel et qu'on ne doit, sous aucun prétexte, le faire connaître à une tierce personne. Or, selon Delaunière et Gagnon, la méditation transcendantale possède seize « mantras » types que les instructeurs attribuent suivant le groupe d'âge. Il n'est donc pas nécessaire de débourser de l'argent pour connaître son « mantra ». On peut choisir comme mantra le mot « paix », « alleluia », « shirim », « hirim », etc. et procéder comme nous l'avons expliqué ci-dessus pour bénéficier pleinement de ce type de méditation.

Pour vérifier si le type de méditation choisi vous convient, malgré les difficultés inhérentes au processus, demandez-vous après chaque période de méditation si vous éprouvez un plus grand bien-être. Rappellez-vous également que seules la régularité et la persévérance peuvent éventuellement amener les effets bénéfiques dont nous avons parlé.

LA RELAXATION PROGRESSIVE
DE JACOBSON

La relaxation progressive de Jacobson est une technique de détente particulièrement efficace. Elle procure non seulement un relâchement musculaire immédiat, mais elle permet également d'apprendre à se détendre car, après une période d'entraînement, elle peut être utilisée autant en classe que dans un autobus.

Cette méthode consiste en une série d'exercices qui requièrent de tendre les muscles spécifiques puis de relâcher la tension de façon à détendre les muscles en profondeur. Il faut se centrer sur l'état de tension et l'état de détente de façon à bien identifier les deux états et à apprendre à les reconnaître. Immédiatement après avoir été tendu, un muscle a tendance à se détendre plus que de coutume, ce qui donne l'occasion d'expérimenter des sensations très agréables de relaxation musculaire profonde. Mahoney rapporte qu'on a comparé cette expérience aux sensations que l'on ressent dans un bain très chaud après un exercice physique intense. C'est dire le pouvoir de ce simple exercice. Eventuellement d'ailleurs, on apprend à détecter la tension sans fléchir les muscles, et après quelques sessions pratiques seulement, la plupart des gens développent l'habileté à réduire la tension en se concentrant simplement sur la sensation plus agréable de relaxation.

Des mesures en laboratoire ont montré que ces exercices réduisent la tension musculaire et que l'habileté à se détendre peut aider à résoudre certains problèmes, tels l'insomnie ou les phobies.

Pour apprendre la relaxation progressive de Jacobson, il est essentiel d'identifier les groupes de muscles impliqués, de connaître les mouvements correspondants de contraction et de détente et de suivre l'ordre d'exécution de ces diverses activités.

Procédez comme suit:

1. **Lisez le point 1 du tableau 10.**

2. **Concentrez-vous sur le groupe musculaire nommé.**

3. **Exécutez graduellement le mouvement de tension suggéré.**

4. **Maintenez la tension quelques instants.**

5. **Relâchez la musculature graduellement.**

6. **Concentrez-vous sur la détente.**

7. **Passez au point suivant, refaites les étapes 2 à 6 et ainsi de suite jusqu'au dernier point.**

TABLEAU 10[1]

Relaxation: groupes musculaires et mouvements correspondants.

Groupes musculaires	Mouvements correspondants
1. Main gauche	Fermez la main et repliez la main sur l'avant-bras.
2. Bras gauche	Fermez la main et repliez l'avant-bras sur le bras jusqu'à ce que la main touche l'épaule.
3. Main droite	Même exercice que celui de la main gauche.
4. Bras droit	Même exercice que celui du bras gauche.
5. Front	Relevez les sourcils de façon à plisser la peau du front.
6. Yeux et paupières	Fermez les yeux le plus fort possible.
7. Bouche et mâchoire	Souriez d'abord de façon exagérée et puis ouvrez toute grande la bouche en exerçant une pression comme si un objet sous la mâchoire offrait de la résistance.
8. Langue	Amenez le bout de la langue à l'endroit où les dents rejoignent le palais et sans la replier, poussez sur le palais.
9. Cou	Penchez la tête vers l'avant et repliez le menton sur le cou.

1. Tableau tiré de Boucher Francine, Avard Jacqueline. (à venir).

162

10. Épaules	Placez les bras à la hauteur de la poitrine, ramenez les épaules vers l'arrière comme si les omoplates allaient se toucher et en pointant les coudes vers le bas, descendez les épaules le plus bas possible.
11. Thorax et abdomen	En inspirant, contractez d'abord le thorax vers l'intérieur. Expirez et respirez normalement, puis contractez le thorax vers l'extérieur. Expirez et respirez normalement.
12. Cuisse gauche	Levez la jambe et pointez le pied vers l'avant.
13. Mollet gauche et pied gauche	Levez la jambe, pointez d'abord le pied vers l'avant en contractant légèrement les orteils et pointez ensuite le pied vers le visage. Après avoir maintenu la tension, faites quelques rotations de la cheville et ramenez le pied à la position normale.
14. Cuisse droite	Même exercice que celui de la cuisse gauche.
15. Mollet droit et pied droit	Même exercice que celui du mollet gauche et du pied gauche.

Pour faciliter l'apprentissage, enregistrez le texte[1] d'une séance de relaxation sur magnétophone en ayant soin de respecter les consignes suivantes:

1. *Assurez-vous que l'endroit est calme et que les bruits de fond sont éliminés.*

2. *Lisez le texte d'une voix assez ferme lorsque l'on demande de contracter ou de tendre la musculature et d'une voix douce et calme lorsque l'on demande de relâcher et de détendre la musculature.*

3. *Faites des pauses de quelques secondes lorsque le texte indique des points de suspension.*

4. *Prenez 15 à 20 minutes pour l'enregistrement.*

« *Dans quelques instants, vous aurez à pratiquer votre exercice de relaxation. Installez-vous d'abord dans un fauteuil confortable, dans une position de détente, les bras reposant sur les accoudoirs du fauteuil, les pieds à plat sur le sol. Fermez les yeux. Respirez calmement et régulièrement.*

Portez maintenant attention à votre main gauche... Lentement, très lentement contractez la musculature de la main gauche, ... ressentez la tension... et graduellement, détendez complètement la main gauche... Concentrez-vous sur la différence entre un état de tension et un état de relaxation dans la main gauche.

Portez maintenant attention à votre bras gauche... Lentement, tendez la musculature... sentez la tension... et lentement, relâchez le bras gauche...

Concentrez-vous maintenant sur la main droite... Graduellement contractez le muscle... ressentez la tension dans toute votre main et... lentement, détendez complètement la musculature.

---

1. Texte tiré de Boucher Francine, Avard Jacqueline. (à venir).

Portez maintenant attention à votre bras droit... Contractez lentement le bras droit... ressentez la tension envahir la musculature de votre bras... centrez-vous sur la tension... et relâchez lentement le bras droit. Concentrez-vous sur la différence entre la tension et la relaxation dans votre bras droit.

Concentrez-vous maintenant sur la musculature du front... Contractez le front... ressentez la tension... et très graduellement, relâchez la tension.

Portez maintenant attention à la région des yeux et des paupières... Lentement, contractez cette région... concentrez-vous sur la tension et très graduellement, commencez à détendre la musculature... lentement... détendez.

Concentrez-vous maintenant sur la mâchoire et la région de la bouche. Contractez les muscles... centrez-vous sur la tension... et relâchez complètement... détendez.

Concentrez-vous maintenant sur la langue. Contractez la musculature... ressentez la tension... puis lentement, relâchez les muscles.

Concentrez-vous maintenant sur la détente dans la musculature faciale, le front, les yeux, la mâchoire, la bouche et la langue.

Portez maintenant attention au cou. Graduellement, contractez la musculature du cou... ressentez la tension... puis lentement... détendez les muscles du cou.

Portez maintenant attention aux épaules... Tendez la musculature... concentrez-vous sur la tension... et graduellement relâchez complètement les épaules.

Concentrez-vous maintenant sur la région du thorax et de l'abdomen... D'abord, contractez le thorax vers l'intérieur... ressentez la tension... et lentement, relâchez la musculature... Respirez calmement et régulièrement... Contractez maintenant le thorax vers l'extérieur... centrez-vous sur la tension... et graduellement, relâchez la musculature, détendez.

Portez attention à votre respiration : inspirez... expirez... lentement, régulièrement... inspirez... expirez...

Concentrez-vous sur la détente dans la partie supérieure du corps: les mains, les bras, la musculature faciale, le cou, les épaules, le thorax et l'abdomen.

Portez maintenant attention à la cuisse gauche. Lentement, tendez la musculature... ressentez la tension... et graduellement, relâchez complètement la cuisse gauche... détendez.

Concentrez-vous maintenant sur le pied gauche et le mollet gauche... Contractez graduellement les muscles... ressentez la tension... et lentement détendez la musculature...

Portez maintenant attention à la cuisse droite. Lentement tendez la cuisse droite... centrez-vous sur la tension... et très lentement, relâchez la musculature, détendez.

Concentrez-vous maintenant sur le pied droit et le mollet droit. Tendez graduellement les muscles... sentez la tension... et très lentement, graduellement détendez le pied et le mollet.

Ressentez maintenant la détente dans l'ensemble de votre organisme : les mains, les bras, la musculature faciale, le cou, les épaules, le thorax, l'abdomen, les jambes et les pieds.

Je vais maintenant compter à rebours de 4 à 1. A 4, vous bougerez les doigts, à 3, les épaules, à 2, les pieds et à 1, vous ouvrirez les yeux. 4... 3... 2... 1. »

La relaxation étant un apprentissage, plus vous la pratiquez souvent, plus rapidement vous acquerrez la maîtrise de cette technique. Nous suggérons de suivre les étapes suivantes. D'abord, pratiquez deux fois par jour, couché ou assis, en utilisant la cassette enregistrée. Assurez-vous que l'une de ces pratiques s'effectue juste avant de vous endormir le soir. De plus, au cours de la journée, essayez de détecter les moments où vous vous sentez tendu. Cette étape franchie, pratiquez sans utiliser la cassette et, à l'occasion, ne faites que les mouvements qui correspondent aux régions habituelles de tension en associant la sensation de détente à l'indice verbal « *relaxé* » ou « *calme* ». Enfin, entraînez-vous à utiliser le plus souvent possible l'indice verbal seul pour vous détendre dans les situations de la vie quotidienne dès que vous vous sentez et, au même moment, concentrez votre attention sur votre rythme respiratoire.

Comme vous le constaterez après quelques pratiques, la relaxation permet de remplacer l'état d'anxiété par la détente musculaire. Vous connaissez peut-être d'autres symptômes d'anxiété, tels que les nausées, la transpiration, les tremblements dans les jambes, les maux de tête, mais ces réponses sont habituellement précédées ou accompagnées de tension musculaire. Si vous parvenez à une relaxation profonde, les autres réactions physiologiques disparaîtront probablement.

LES « **PRÉALABLES** » DE BERTHERAT

D'orientation plus humaniste que Jacobson, Bertherat propose d'être à l'écoute de son corps pour se détendre et être en santé physique et mentale. Dans *Le corps a ses raisons*, elle présente à cet effet une série d'exercices qu'elle nomme « **préalables** ».Le terme souligne qu'il ne s'agit pas d'exercices physiques au sens où on l'entend habituellement mais plutôt de positions ou de manipulations qui permettent de détendre le corps sans effort ni violence. Lorsqu'on exécute les préalables, on ne s'étonne plus que Bertherat les présente comme une anti-gymnastique.

Bertherat recommande de faire les préalables en portant attention à ses sensations corporelles plutôt qu'à la performance elle-même. Il s'agit, en d'autres termes, de ne pas s'acharner à « **réussir** », la performance étant moins importante que le processus. Il peut même être important de « **rater** » un préalable pour mieux écouter les messages corporels.

Nous vous présentons dix préalables. Ils concernent les principaux muscles du corps. Ils sont simples et rapides à exécuter, mais rappelez-vous, ils doivent être faits doucement, lentement, sans se faire violence. Avec la pratique, vous parviendrez à les exécuter correctement.

Il existe d'ailleurs, sur le marché, une cassette enregistrée des préalables de Bertherat; vous pourrez y recourir si vous désirez vous faciliter la tâche. Bertherat recommande d'observer les effets de chaque préalable immédiatement après son exécution: vous observez que ces effets se généralisent à la moitié du corps correspondant au muscle spécifiquement mis en action.

LES PRÉALABLES

1. *Tout le corps*

Détachez votre ceinture ou tout autre vêtement serré. Allongez-vous sur le dos. Laissez les bras de chaque côté du corps, les paumes tournées vers le ciel, les pieds détendus. Fermez les yeux. Restez en silence. Sans rien faire d'autre et même si vous ne vous sentez pas très confortable, observez quels sont les points de contact de votre corps contre le sol : talons, mollets, fesses, bassin, sacrum, dos, vertèbres, épaules, tête.

Portez attention à vos mâchoires. Si elles sont serrées, essayez de les décontracter. Laissez la langue se détendre dans votre bouche. Poursuivez cet exercice autant de temps que vous le désirez.

2. *Les pieds*

Ce préalable est un travail sur les pieds. Vous avez besoin d'une balle, en mousse, de la grosseur d'une mandarine. Restez debout et placez votre pied droit sur la balle qui est sur le plancher. Il s'agit de masser, en douceur, le dessous du pied avec la balle. Massez le dessous de tous les orteils, de l'avant-pied, du milieu du pied et du talon. Evitez de retrousser les orteils vers le plafond. Massez par tous petits cercles, doucement, systématiquement, partout sous le pied. Massez aussi le bord interne et le bord externe du pied. Si certaines zones du pied sont douloureuses, allez-y plus doucement. Pour sentir les effets immédiats de cet exercice, allongez-vous et laissez-vous simplement comparer l'état des deux moitiés de votre corps.

3. *Les pieds*

Pour ce préalable, qui consiste également en un travail sur le pied, asseyez-vous confortablement sur le sol. Placez votre pied droit sur la jambe gauche allongée. Prenez le pouce du pied droit dans une main en maintenant le pied avec l'autre main. Il s'agit de tirer,

avec douceur, sur le gros orteil en le faisant tourner
légèrement, comme si vous le vissiez ; puis dévissez-le.
Faites la même chose avec les autres orteils. Vous tirez
et faites tourner l'orteil, à partir de la naissance de
l'orteil.Chacun de vos orteils correspond à une zone
donnée de votre colonne vertébrale.

Fléchissez maintenant la jambe droite, relevez le
pied droit en gardant les orteils dans le prolongement
du pied. Dans une main, prenez le gros orteil du pied
droit et, de l'autre main, écartez doucement les autres
orteils de façon à produire un angle droit. Vous n'y
arriverez sans doute pas les premières fois. Ne forcez
rien. Essayez maintenant de produire le même angle
droit entre les deuxième et troisième orteils, les troisième
et les quatrième, les quatrième et cinquième.

Vous pouvez faire l'exercice pour le pied gauche
immédiatement après ou vous étendre sur le sol,
comme précédemment, pour comparer les deux moitiés
du corps.

Vous pouvez également continuer à « masser » le
pied droit. Placez la paume de la main gauche contre la
plante du pied droit et passez les doigts entre les orteils.
Procédez doucement encore une fois jusqu'à la naissance des orteils et faites fléchir l'avant-pied vers vous
jusqu'à ce que les articulations métatarso-phalangiennes
apparaissent. Puis observez les effets de l'exercice en
vous mettant debout et en marchant doucement.

4. *Le dos*

Bertherat appelle ce préalable le « *hamac* » et le
recommande particulièrement aux femmes qui ont des
règles douleureuses. Trouvez une balle assez molle de
la taille d'un gros pamplemousse. Allongez-vous, les
jambes fléchies, légèrement écartées, les pieds à plat
sur le sol. Essayez de détendre les muscles des jambes,
des mâchoires, des épaules. Posez la balle sous le
sacrum et le coccyx et **ne bougez plus**. Laissez le dos
prendre la forme d'un hamac. Laissez le ventre souple.
Prenez le temps qu'il faut pour parvenir aux résultats
souhaités. Surtout laissez faire.

Maintenant, enlevez la balle et observez les effets de l'exercice sur le bas du dos.

5. *Les jambes*

Cet exercice est un travail sur les jambes. Allongez-vous sur le sol, jambes fléchies, pieds à plat, nuque étirée. Prenez l'avant-pied droit avec votre main et dépliez doucement la jambe droite obliquement vers le plafond. Laissez la colonne le plus à plat possible sur le sol ; relâchez les épaules et laissez allongée la moitié droite du dos.Ne vous préoccupez pas de la performance, mais respirez plutôt « avec » votre jambe dans sa position initiale. C'est donc en expirant que vous faites un effort patient, lent, graduel. Puis, allongez-vous complètement et observez les effets de l'exercice. Vous pouvez aussi vous mettre debout pour comparer vos deux jambes.

Vous pouvez maintenant faire le même exercice avec la jambe gauche ou, si vous le désirez, déplier les deux jambes à la fois.

6. *Les épaules*

Asseyez-vous, les deux pieds bien à plat sur le sol, de façon que le poids de votre corps soit également réparti sur vos deux fesses. Posez la main droite sur l'épaule gauche, à même la peau, au milieu de l'épaule. Prenez à pleine main le trapèze, doucement mais fermement. Laissez pendre le bras gauche. Haussez maintenant l'épaule gauche lentement puis en la tournant de l'avant à l'arrière, dessinez des cercles avec l'arrondi de l'épaule. Vous maintenez fermement le trapèze pour qu'il participe le moins possible au mouvement et vous relâchez complètement le bras droit. Faites un mouvement par respiration. Maintenant, pour comparer les deux moitiés du corps, allongez les bras de chaque côté du corps et faites tourner simultanément les deux épaules.

7. *La nuque*

En position assise, tournez lentement la tête vers la gauche, puis vers la droite. Maintenant, saisissez à pleine main les muscles de la nuque. Relâchez les mâchoires et la langue et faites de tout petits signes «oui» avec la tête puis des petits signes «non» et enfin, de petits cercles avec le bout du nez. Respirez normalement. Maintenant, lâchez la musculature de la nuque et regardez de nouveau à droite et à gauche pour sentir les effets de cet exercice.

8. *Les mains, les bras et le visage*

Trouvez une balle de la taille d'une orange ou tout simplement utilisez une orange. Allongez-vous, jambes fléchies, de façon que la taille repose confortablement sur le sol, les bras le long du corps, les paumes vers le sol, l'intérieur des cuisses détendues. Placez la balle près de la main droite. En maintenant l'épaule, le coude et l'avant-bras au sol, faites rouler doucement, du bout des doigts, la balle en direction des pieds, sans la perdre, comme si votre bras était élastique. Puis, appuyez sur le coude, la balle dans votre paume, levez la main et l'avant-bras vers le plafond, paume toujours tournée vers le bas. Puis lentement, portez la balle vers le plafond. Arrêtez le mouvement lorsque l'avant-bras est vertical. Ecartez alors les doigts et sentez le contact de la balle au creux de votre paume. Continuez de respirer normalement. Ramenez lentement votre bras et votre paume contre le sol et comparez l'état des deux bras. Cet exercice détend également la musculature du visage. Asseyez-vous pour en observer les effets.

9. *La respiration*

Etendez-vous, jambes fléchies, pieds bien à plat sur le sol, pieds et genoux écartés à la largeur des hanches. Placez les deux mains sur les côtés, un peu au-dessus de la taille et soyez attentif aux mouvements de votre respiration. Maintenant, saisissez à pleines mains la peau sous le rebord des deux dernières côtes de la cage thoracique et soulevez la peau vers le plafond. A l'inspiration comme à l'expiration, maintenez la peau soulevée. Ne forcez pas l'inspiration et expirez plutôt profondément. Faites ainsi plusieurs respirations.

Maintenant, soulevez à pleines mains la peau qui se trouve au-dessus des dernières côtes, en arrière et un peu au-desssous de la taille. Et procédez comme il est indiqué ci-dessus.

Prenez quelques instants pour observer le mouvement de votre respiration une fois l'exercice complété.

10. *Le bassin*

Trouvez une balle mousse de la taille d'une orange. Allongez-vous, les jambes fléchies. Portez attention à votre dos, votre taille, vos omoplates. Placez la balle dans le haut de la fesse droite, là où se trouvent les articulations de part et d'autre du sacrum. Laissez le poids de la fesse s'appuyer sur la balle et laissez la fesse gauche s'appuyer au sol.Maintenez la taille le plus près possible du sol. Détendez-vous, respirez normalement. Lentement, ramenez le genou droit sur la poitrine, en prenant garde de maintenir la balle par petits coups. Maintenant, lentement, étendez la jambe gauche et tout en continuant à tirer le genou droit vers vous, portez attention à l'intérieur des cuisses. Faites de petits cercles avec le genou droit à l'aide de votre main droite. Observez les cercles qui se feront en même temps dans la région du bassin qui repose sur la balle. Revenez doucement dans la position originale en fléchissant d'abord la jambe gauche puis en posant le pied droit à plat. Retirez la balle et sentez la différence dans le bassin. Levez-vous lentement et tout en marchant, observez les effets de l'exercice dans toute la moitié de votre corps, du visage jusqu'au pied.

LES PAUSES-DÉTENTE

Sous le titre bien connu des pauses-détente, nous vous suggérons des exercices rapides et faciles à exécuter au cours d'une journée normale d'activité. Ces exercices remplacent avantageusement la pause-café. Ils permettent une« re-centration » personnelle et une « ré-énergisation » immédiate. Nous mentionnerons la pause-retrait et la pause-conscience. Ajoutons toutefois que plusieurs autres types de pause sont possibles et tout aussi efficaces pour réduire la tension et la fatigue. Si vos occupations sont d'ordre intellectuel et que vous travaillez assis, n'importe quel mouvement favorisera le repos : bâiller, bouger, s'étirer ou se lever quelques instants. Si le travail exige plutôt de l'exercice et de la force musculaire, s'asseoir et ne rien faire constitue alors une excellente pause-détente.

1. *La pause-respiration*

Souvent, dans la vie quotidienne, on respire à un rythme ou à une profondeur qui ne permet pas de prendre tout l'oxygène dont on peut avoir besoin ni de libérer les poumons de tout l'air vicié accumulé. Les situations de stress nous amènent de plus à réduire notre capacité respiratoire. Or, il existe un lien très étroit entre la respiration et l'énergie disponible dans l'organisme. Toutes les théories psychologiques courantes établissent une relation directe entre la qualité de la respiration et la vitalité de l'organisme. Dans des états de peur, par exemple, la respiration devient minimale. Par contre, dans des situations agréables comme faire l'amour, on respire plus amplement, il y a plus de mouvement et plus d'expression. Une respiration chroniquement déficiente amène une augmentation de la tension, un manque de concentration, une augmentation de l'anxiété et de l'irritabilité. À la longue, on aboutit à des états de fatigue constants et à des états dépressifs.

La pause-respiration peut se faire avant, pendant ou après une activité. Pour en prendre l'habitude, il est bon de l'associer à des moments spécifiques de la journée.

Choisissez ainsi des activités quotidiennes et prévoyez le moment précis des pauses-respiratoires : par exemple, avant un cours, après un téléphone ou pendant un repas. Vous oublierez peut-être au début, mais si vous procédez systématiquement, vous développerez peu à peu l'habitude de faire une pause-respiration à ces moments particuliers.

Il y a de nombreuses façons de mieux respirer. Nous suggérons une méthode simple. D'abord, assurez-vous de prendre une position qui permette la respiration la plus ample possible. Levez-vous debout ou allongez-vous sur une surface assez dure. Si vous devez demeurer assis, appuyez bien votre dos contre le dossier du fauteuil pour que l'abdomen jouisse de la plus grande mobilité possible. Puis, portez attention à votre respiration sans en altérer ni le rythme ni l'ampleur. Observez seulement le mouvement de l'inspiration et de l'expiration. Après quelques instants, augmentez graduellement l'ampleur du mouvement. Prenez ainsi quelques respirations bien profondes sans toutefois forcer le mouvement. Avec la pratique, vous pourrez rétablir de plus en plus facilement un meilleur rythme respiratoire.

2. *La pause-retrait*

Rêver ou « être dans la lune » est une pause-retrait que nous pratiquons tous plus ou moins. Qui n'a assisté à un cours sans être distrait par des fantasmes de vacances ou de fêtes, ou qui n'a manqué un point lors d'une réunion importante parce qu'à ce moment-là son esprit était ailleurs ?

La pause-retrait que nous proposons vise à utiliser délibérément le rêve éveillé pour des fins de détente. Il s'agit de provoquer l'apparition de fantasmes en laissant aller son imagination. Cet exercice vous permettra non seulement de relâcher la tension accumulée mais également d'identifier les sources de tension du moment. Ainsi, si vous vous sentez mal à l'aise avec les gens à une réunion sociale, vous allez sans doute vous retirer en imagination dans une situation où vous êtes seul ou avec des gens que vous aimez. Le rêve éveillé est une projection de besoins. On rêve de ceux ou de ce qu'on aime, on pense à un problème à résoudre ou on se rappelle un bon souvenir. Le rêve éveillé indique le besoin ou la tension intérieure: c'est un premier pas dans la détente.

L'exercice se déroule comme suit.

Assurez-vous d'être confortable, assis de préférence. Prenez le temps de prendre quelques respirations profondes en vidant le plus possible vos poumons lors de l'expiration. Fermez les yeux et laissez aller votre imagination. Laissez-vous portez par les images. Partez complètement dans ce monde imaginaire. Prenez le temps nécessaire pour voir, entendre, goûter, toucher ou respirer les images qui viennent. Puis, en ouvrant les yeux, s'il y a lieu, reprenez contact avec la situation réelle. Laissez-vous quelques instants encore pour constater l'état de détente ou pour comparer l'ici et l'ailleurs. Peut-être découvrirez-vous alors que des besoins importants sont insatisfaits ou que certains problèmes vous préoccupent et qu'ils retiennent votre attention. Selon la théorie de la Gestalt, d'un nom allemand qui signifie «tout» ou «forme orga-nisée», les situations inachevées épuisent notre énergie vitale en réclamant perpétuellement d'être complétées ou de former de bonnes «gestalts». Si le rêve éveillé vous permet de constater que tel est le cas, prévoyez un moment où vous pourrez centrer toute votre attention sur le problème avant de reprendre l'activité en cours ou engagez-vous immédiatement en ce sens, si c'est possible. Vous serez surpris de votre regain d'énergie!

3. *La pause-conscience*

La pause-conscience permet de mieux voir ce que l'on est et de mieux choisir ce qu'on veut être pour éviter les sources inutiles de tension. Elle consiste en une rétrospection des événements où l'on se contente d'observer ce qui s'est passé sans censure ni évaluation. Une attitude moralisante ou punitive interfère avec ce processus mental. Aussi convient-il de s'abstenir de l'exercice si l'on ne possède pas le détachement nécessaire à son exécution.

La pause-conscience peut se pratiquer à tout moment du jour mais le soir est une période particulièrement propice. Choisissez donc dix minutes vers la fin de la journée où vous pouvez être seul et tranquille. Fermez les yeux et imaginez, comme si vous voyiez un film, le déroulement des activités depuis votre lever. Vous devenez directeur de la production. Multipliez les prises de vue pour réaliser le film le plus significatif possible. Regardez-vous agir, réagir, sentir. Observez votre façon de parler, de penser, comme si vous regardiez un acteur sur un écran. Notez les moments où vous êtes tendu et essayez de comprendre comment la tension s'est développée. Notez aussi les moments où vous êtes bien dans votre peau. Découvrez les conditions qui vous permettent d'atteindre cet état, puis arrêtez le « *film* » et demandez-vous si vous êtes satisfait du scénario. Si vous pouviez le réécrire, qu'est-ce que vous changeriez ? Comment aimeriez-vous que l'histoire du lendemain se déroule ? Revenez ensuite lentement à vos préoccupations en vous souvenant que vous êtes réellement l'acteur, le metteur en scène et le scénariste de votre vie.

15. Le contrôle de ses émotions

La stratégie rationnelle-émotive est une technique élaborée par Albert Ellis pour combattre les idées irrationnelles et atténuer ou faire disparaître certains troubles émotifs. Bien qu'elle exige un travail rigoureux, prolongé et tenace, cette technique est fort simple. Elle est particulièrement à recommander dans les problèmes de stress provenant d'émotions « *désagréables* », comme la peur, l'anxiété, la colère ou la tristesse puisqu'elle vise à diminuer la fréquence et l'intensité des émotions désagréables et à augmenter la fréquence et l'intensité des émotions agréables.

Pour bien comprendre cette stratégie et l'utiliser, s'il y a lieu, expliquons trois concepts-clefs : émotion, événement extérieur et idées. Ellis voit les émotions comme des événements intérieurs causés par des stimulations physiques (ex. : une poignée de main vous fait plaisir), des processus sensori-moteurs (ex. : le bruit de la ville provoque une émotion négative) ou par des processus de pensée ou de désir (ex. : l'idée de faire votre déclaration de revenus vous déprime).

Pour contrôler les émotions désagréables, trois avenues sont possibles : utiliser des moyens physiques, comme les drogues, les médicaments ou l'alcool, agir sur le système sensori-moteur par le yoga, la relaxation, etc., ou modifier ses pensées. Comme les deux premières voies n'apportent pas, selon l'approche, un bien-être durable, modifier ses pensées constitue un moyen privilégié d'action.

Les gens croient généralement que leurs émotions sont causées par les événements extérieurs. Ainsi, on entend fréquemment dire que rater un examen est déprimant ou que perdre son emploi est catastrophique. On conçoit les émotions comme des conséquences inévitables de certains événements extérieurs comme la cause de nos états émotifs.

Prenons un exemple. Vous trouvez un avis de contravention sur le pare-brise de votre voiture et vous vous mettez en colère. Si on vous demande pourquoi vous vous fâchez, vous répondrez sans doute que cet avis en est la cause. Pourtant, une semaine plus tard, le même événement survient et cette fois, vous riez de votre négligence parce que, ce jour-là, vous avez terminé avec succès un travail difficile.

L'événement extérieur n'est donc pas la cause de l'émotion que nous ressentons puisque, dans les mêmes situations, nos réactions diffèrent d'une fois à l'autre. Tout au plus en est-il l'occasion. Nous percevons les événements extérieurs à travers une grille très subjective d'analyse ou d'interprétation, d'où la variété de nos réactions.

L'évaluation ou la perception d'un événement se retrouve souvent synthétisée sous forme de phrases intérieures que nous nous disons à nous-même tout au cours d'une journée. Observez votre pensée lorsque vous êtes seul et vous constaterez aisément ce monologue interne.

Ces phrases sont souvent la cause directe de nos émotions puisqu'elles résument nos perceptions ou évaluations de la réalité, ou bien elles sont associées à nos états émotifs et les influencent. Devant un travail difficile, vos émotions peuvent être négatives ou positives : dans un cas, vous pouvez vous dire que vous n'y arriverez jamais et dans l'autre, vous pouvez penser que le défi est intéressant à relever. Il est donc bien difficile, en pratique, de distinguer pensée et émotion et, évidemment, comportement : des pensées positives sont associées à des émotions et à des comportements positifs et des pensées négatives sont associées à des émotions et à des comportements négatifs.

Les idées qui sont la cause d'émotions désagréables sont souvent des idées irrationnelles par rapport à soi, aux autres ou à la vie. Relativement au « **soi** », par exemple, plusieurs personnes pensent qu'elles devraient être aimées par tous et pour tout ce qu'elles font, ou encore elles croient qu'elles devraient réussir dans tout ce qu'elles entreprennent. D'autres, au contraire, croient l'inverse : leur caractère est foncièrement mauvais ou névrotique, d'où le sentiment de mériter blâme, punition et rejet.

Les idées irrationnelles peuvent porter sur les personnes de notre entourage. Par exemple, on peut penser que les autres sont des salauds ou des dieux, qu'ils font exprès pour nous blesser ou que c'est leur faute si nous sommes triste, fâché ou misérable.

La vie ou les événements peuvent également donner lieu à des idées irrationnelles. La vie devrait être facile, calme, prévisible. Les choses devraient être comme on les aime, que ce soit un appartement, un repas, une voiture ou un endroit de travail.

Il est facile d'imaginer les troubles émotifs que de telles idées peuvent susciter. En effet, comme la réalité correspond rarement à nos souhaits ou à nos idéaux, nous pouvons facilement nous sentir fâché, triste, déçu ou désemparé lorsque les différences se manifestent entre nos désirs et la réalité.

La stratégie rationnelle-émotive propose de s'attaquer aux idées irrationnelles et de remettre en question leur validité pour leur substituer peu à peu, s'il y a lieu, des idées plus réalistes.

Par exemple, face à l'idée suivante que vous vous entretenez depuis qu'un camarade de travail a refusé vos invitations, soit : « *Je ne suis pas assez intéressante pour lui* », vous pourriez vous demander : « *Est-ce que ce refus implique nécessairement que je ne suis pas intéressante ? N'a-t-il pas le droit de choisir des femmes avec qui il se sent bien ? Pourquoi tout le monde devrait-il m'aimer ? Est-ce que ce refus est réellement catastrophique ?* » Ces questions vous amèneraient sans nul doute à des pensées plus réalistes. Ainsi vous pourriez vous dire que ces refus sont désagréables, mais que vous pouvez fort bien les supporter ; en outre, ils ne signifient nullement que vous n'êtes pas intéressante.

Résumons les points importants de la stratégie rationnelle-émotive à l'aide du shéma suivant. Lorsqu'un événement (A) entraîne des conséquences émotives et comportementales désagréables (C), la « *cause* » directe du trouble ressenti se situe dans les croyances ou les idées (B) que nous avons à propos de cet événement.

STRATÉGIE RATIONNELLE-ÉMOTIVE

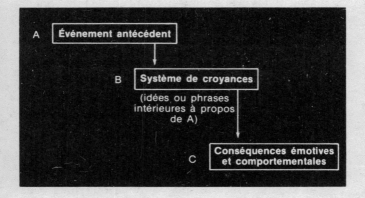

Comme la source des émotions ne se trouve pas dans les événements extérieurs, mais bien dans les idées que nous nous formulons à propos de ces événements, c'est en s'attaquant à ces idées que nous pouvons arriver à contrôler efficacement les émotions désagréables. Le combat se fait sous forme de débat mental où les idées irrationnelles sont remises en question et remplacées, s'il y a lieu, par des idées plus réalistes.

Expliquons la marche à suivre, étape par étape :

1. Lorsque vous ressentez une émotion désagréable, habituez-vous à remonter à la source de ce sentiment et à identifier l'événement qui en a été l'occasion. Même si vous trouvez cet exercice difficile au début, vous réussirez avec le temps à le faire de plus en plus rapidement.

2. Identifiez les idées que vous avez eues à ce moment ou que vous avez encore au moment même où vous repensez à l'événement. Notez les phrases intérieures que vous vous dites à vous-même. Soyez attentif aux verbes comme « **je devrais** », « **il faut** », aux adverbes, « **toujours** » ou « **jamais** » et aux adjectifs du genre « **terrible** », « **catastrophique** », « **épouvantable** ». Ces mots sont souvent les indices d'idées irrationnelles.

3. Remettez en question et débattez l'idée irrationnelle. Vous pouvez vous rendre compte, par un changement d'émotion ou de comportement, si oui ou non vous avez bien réussi cette étape. Evidemment, les choses ne changent pas radicalement d'un jour à l'autre. Continuez le débat tant que cela est nécessaire.

4. a) Si vous constatez que vos idées sont réalistes et que votre trouble est fondé, essayez de changer l'événement qui est l'occasion de votre trouble. Si toute action est impossible, exhortez-vous à la patience et évitez d'amplifier ou de déformer votre trouble.

   b) Si vous constatez que vos idées sont irrationnelles, remplacez-les par des idées réalistes.

Prenons un exemple :

1. Vous vous sentez déprimé depuis hier. Vous pensez à votre dernière rencontre avec Anne. Elle manifeste peu de sentiments à votre égard depuis un certain temps. Elle est distante et lointaine. Vous l'avez interrogée à ce sujet et elle a préféré ne rien vous répondre pour le moment.

2. Vous identifiez peu à peu les idées qui vous trottaient dans la tête au moment de l'incident : peut-être ne m'aime-t-elle plus ? Peut-être est-elle fâchée ? Ce serait terrible si elle ne m'aimait plus ! La vie est injuste ! Notez les mots-clefs : voilà bien les idées irréalistes qui occasionnent les émotions désagréables.

3. Vous prenez quelques instants pour débattre ces idées. Est-ce que le fait qu'Anne ait été distante remise signifie nécessairement qu'elle ne vous aime plus ? Ne peut-elle être préoccupée, fatiguée ou désireuse d'être seule ? Aimer quelqu'un implique-t-il qu'on se sent amoureux à toutes les minutes du jour ? Et s'il était vrai qu'elle ne vous aime plus, serait-ce catastrophique ? Ne pourriez-vous faire face à cet événement ? Est-ce que la vie est injuste à cause de cela ? Peu à peu dans cette remise en question, vous en viendrez à réfuter vos idées irréalistes et à les remplacer par des pensées comme celles-ci : « *il n'est pas certain qu'elle ne m'aime plus et même si cela était, je n'en mourrais pas ; je serais triste, mais la vie n'est pas pour autant injuste ; aimer comporte des risques et je suis capable de supporter une rupture et de continuer à vivre sans cette jeune fille* ». Puisque votre amie préfère ne rien dire pour l'instant, vous vous exhortez à la patience jusqu'à ce que la situation se clarifie et chaque fois que des idées irrationnelles vous viennent à l'esprit, vous leur substituez des pensées plus réalistes et vous vous occupez à autre chose pour éviter d'amplifier votre trouble.

Le stress, nous l'avons vu, dépend de l'évaluation subjective du danger. Perception et stress sont des phénomènes interreliés. Comme la stratégie rationnelle émotive permet de modifier nos perceptions, elle peut aider à une évaluation réaliste du danger et diminuer le stress causé par des préjugés ou des idées irrationnelles. Plus vous vous rendez compte du nombre de problèmes qui se créent de cette façon, plus vous réaliserez que la stratégie rationnelle émotive est une discipline fort utile.

CONCLUSION

Le stress n'est pas à éviter : il est inévitable. Mais comme nous l'avons vu, il peut coûter cher. Chaque fois que l'organisme réagit à un stresseur, de nombreux changements biochimiques ont cours et si le stresseur dépasse les capacités adaptatives disponibles, la maladie et même la mort peuvent survenir.

Plutôt que d'adhérer à certaines conceptions qui font du stress un cheval de bataille, il vaut mieux alors agir de façon à optimiser le stress dans sa vie : adopter un mode de vie stimulant mais serein et maintenir un état physique et mental qui permet d'augmenter sa résistance aux stresseurs. Il ne s'agit donc pas de combattre le stress mais plutôt de bien gérer sa vie.

Si vous avez suivi le guide, vous avez défini le stress dans votre vie, examiné différentes solutions et opté pour l'une d'entre elles. Vous avez planifié une stratégie d'action et l'avez appliquée. Et maintenant ? Comme dans tout processus de solution de problème, il s'agit d'évaluer les résultats de l'action entreprise en fonction de l'objectif visé, de voir les failles dans le processus, de mieux mesurer la difficulté du changement et de comprendre la situation à partir de l'expérience accumulée. Etes-vous satisfait des résultats obtenus ? Désirez-vous faire d'autres changements ? Comment le problème se pose-t-il maintenant ? Après évaluation, y a-t-il lieu d'entreprendre un autre processus de solution de problème ? Vous possédez maintenant les connaissances et les habiletés nécessaires. A vous d'en tirer profit !

BIBLIOGRAPHIE

ANDREASEN, N.J.C., RUSSELL, Noyes, Jr., HARTFORD, C.E. Factors influencing adjustment of burn patients during hospitalization. *Psychosomatic Medecine*, **34**, 517–523, 1972.

APPLEY, M.H., TRUMBULL, R. On the concept of psychological stress. *Psychological Stress: Issues In Research*. Englewood Cliffs, New Jersey: Prentice-Hall, 1967.

ABRAHAMSON, E.M., PEZET, A.W. *Body, mind and sugar*. New York: Avon Books, 1951.

AUGER, L. *S'aider soi-même*. Montréal: Éditions de l'Homme. Éditions du CIM, 1974.

Aviation Royale du Canada (ed.). *Le programme 5BX*. Ottawa: Ministère de la défense nationale, 1964.

Aviation Royale du Canada (ed.). *Le programme 10BX*. Ottawa: Ministère de la défense nationale, 1964.

BATESON, G. *Steps to an ecology of mind*. New York: Ballantine Books, 1972.

BERTHERAT, Thérèse. *Le corps a ses raisons*. Paris: Éditions du Seuil, 1976.

BOUCHARD, C., LANDRY, F., BRUNELLE, J., GODBOUT, P. *La condition physique et le bien-être*. Québec: Éditions du Pélican, 1974.

BOUCHER, Francine, AVARD, Jacqueline. *Méthodes d'études et efficacité personnelle*. Montréal: Les Publications du Service d'Orientation et de Consultation Psychologique de l'Université de Montréal (à venir).

BOUCHER, P. L'euphorie se meurt... vive l'eustress. *Les Cahiers du Psychologue Québécois*, **1**, n° 7, 1979.

BRUNET, J.M. *Vivez en santé: vivez heureux*. Montréal: Québécor, 1978.

CANNON, W.B. «"Voodoo" death». *American Anthropologist*, **44**, 169–181, 1942.

CHERASKIN, E. Ringsdorf, W.M. *Psycho-dietetics*. New-York: Bantam Books, 1974.

186

Cooper, K.H. *The Aerobics way*. New York: M. Evans, 1977.

Culligan, M.J., Sedlacek, Keith. *How to kill stress before it kills you*. New York: Grosset and Dunlap, 1976.

De Launière, C., Gagnon, Pauline. Un marketing transcendental. *Québec Science*, **17**, n° 4, 1978.

Davis, J.T. *Walking*! New York: Bantam Books, 1979.

Dohrenwend, B., Dohrenwend B. (ed.). *Stress fuel life events; their nature and effects*: New York: Wiley and Sons, 1974.

Dufty, W. *Sugar blues*. New York: Warner Books, 1976.

Dunbar, F. *Psychosomatic diagnosis*. New York: Harper, 1943.

Ellis, A. *Humanistic psychotherapy: the rational-emotive approach*. New York: Julian Press, 1973.

Ellis, A., Grieger, R. *Handbook of rational-emotive therapy*. New York: Springer, 1977.

Ellis, A., Harper, R.A. *A guide to rational living*. Englewood Cliffs: Prentice-Hall, 1961.

Epstein, S. Anxiety, arousal and the self-concept. *In* Sarason, I. G., Spielberger, C.D. (ed.). *Stress and anxiety*. (vol. 3). New York: John Wiley and Sons, 1976.

Escoffier-Lambiotte. Une découverte majeure en France sur l'hypertension. *Le Devoir*, 20 mars, p. 8, 1979.

Fixx, J.F. *The complete book of running*. New York: Random House, 1977.

Fredericks, C. *Psycho-nutrition*. New York: Grosset and Dunlap, 1976.

Fried, M. Grieving for a lost home *in* Dulh, L.J. (ed.). *The urban condition: people and policy, in the metropolis*. New York: Basic Books, 1963.

Friedman, M., Rosenman, R.H. *Type A behavior and your heart*. New York: Alfred A. Knopf, 1974.

Friedman, S.B., Chodoff, P., Mason, J.W., Hamburg, D.A. Behavioral observations on parents anticipating the death of a child. *Pediatrics*, **32**, 610–625, 1963.

Glass, D.C., Singer, J.E. *Urban stress: experiments on noise and social stressors*. New York: Academic Press, 1972.

GLASSER, W. *Positive addiction*. New York: Harper and Row, 1976.

HACKETT, T.P., WEISMAN, A.D. Reactions to the imminence of death, *in* Grosser, G.H. *et al.* (ed.). *The threat of impending disasters*. Cambridge: MIT Press, 1964.

HAY, D., OKEN, D. The psychological stress of intensive care unit nursing. *Psychosomatic Medecine*, **34**, 109-118, 1972.

HENDERSON, J. *Jog, run, race*. Mountain view, California: World Publications, 1977.

HOLMES, T.H., RAHE, R.H. The social readjustment rating scale. *Journal of Psychosomatic Research*, **11**, 1967.

JACOB, R. Travail et stress: l'urgence d'agir. *Les Cahiers du Psychologue Québécois*, 1979.

JACOBSON, M.F. *Nutrition scoreboard*. New York: Avon Books, 1974.

JACOBSON, E. *You must relax*. New York: McGraw-Hill, 1962.

JANIS, I.L. *Stress and frustration*. New York: Harcourt Brace Javanovich Inc., 1969.

KAHN, R.C. *et al. Organizational stress: studies in role conflict and ambiguity*. New York: Wiley, 1964.

KATZ, J.L., WEINER, H., GALLAGHER, T.F. HELLMAN, L. Stress, distress and ego defenses. *Archives of General Psychiatry*, **23**, 131-142, 1970.

LAING, R.D. *The divided self*. Harmondsworth: Penguin Books, 1959.

LAKEIN, A. *How to get control of your time and your life*. New York: Peter H. Wyden Inc., 1973.

LAZARUS, R.S. Psychological stress and coping in adaptation and illness. *International Journal of Psychiatry in Medecine*, **5**, 321-333, 1974 b.

LE SHAN, L. *How to meditate*. Boston: Bantam, 1974.

LIEF, H.I., FOX, R.S. Training for « detached concern » in medical students, in Lief, H.I. *et al.* (ed.). *The psychological basis of medical practice*, New York: Harper and Row, 1963.

LINDEMANN, E. Symptomatology and management of acute grief. *American Journal of Psychiatry*, **101**, 141-148, 1944.

MACKENZIE, R.A. *The time trap*. New York: Amacom, 1972.

MAHONEY, M.J. *Self-change: strategies for solving personal problems*. New York: W.N. Norton and Co., 1979.

MARLATT, G.A. Alcohol, stress and cognitive control, *in* Sarason, I.G., Spielberger, C.D. (ed.). *Stress and anxiety*. (vol. 3). New York: John Wiley and Sons, 1976.

MASON, J.W. A re-evaluation of the concept of non-specificity in stress theory. *Journal of Psychiatric Research*, **8**, 323–333, 1971.

MASON, J.W. A historical view of the stress field: part 1. *Journal of Human Stress*, **1**, 6–12, 1975 a.

MASON, J.W. A historical view of the stress field: part 2. *Journal of Human Stress*, **1**, 22–36, 1975 b.

McGRATH, J.E. Settings, measures and themes: an integrative view of some research on social-psychological factors in stress, *in* McGrath, J.E. (ed.). *Social and psychological factors in stress*. New York: Holt, Rinehart and Winston, 1970.

McLEAN, P.D. Depression as a specific response to stress, *in* Sarason, I.G., Spielberger, C.D. (ed.). *Stress and anxiety*. (vol. 3). New York: John Wiley and Sons, 1976.

McQUADE, W., Aikman, Ann. *Stress*. New York: Bantam, 1974.

MECHANIC, D. *Students under stress: a study in the social psychology of adaptation*. New York: The Free Press, 1962.

MENNINGER, K. Regulatory device of the ego under major stress. *International Journal of Psychoanalysis*, **35**, 412–420, 1954.

Ministère des Affaires Sociales. *Une politique québécoise en matière de nutrition*. Québec, 1977.

Ministère des Affaires Sociales. *Guide alimentaire québécois*. Québec, 1979.

Ministère de la Santé et du Bien-être Social. *Rapport sur les habitudes alimentaires*. Ottawa, 1975.

Ministère de la Santé et du Bien-être social. *Le manuel du guide alimentaire canadien*. Ottawa, 1977.

MOREHOUSE, L.E., GROSS, L. *Maximum performance*. New York: Pocket Book, 1977.

MOREHOUSE, L.E., Gross, L. *Total fitness in thirty minutes a week*. New York: Hart-Davis, 1976.